転機にアクセルを踏む

B級商店街から東証一部上場へ

高田薬局40年の軌跡

転機にアクセルを踏む

目次

3章　静岡新聞夕刊コラム「窓辺」で発信 …… 138

第1部　高田薬局40年の軌跡

高田薬局創業から共同持株会社による東証上場までのあらまし

1972年（昭和47年）
早大政経学部5年に在学中の高田隆右が静岡市葵区宮ケ崎・浅間通り商店街の実家で休眠中の高田薬局の看板を復活。見よう･見まねで営業を始めたアウトサーダー店の初日の客は1人、売上3千円(11月)。
1983年（昭和58年）
法人化。設立取締役に高田隆右就任。新卒薬剤師の採用を開始。翌年以降、高卒･短大卒者の定期採用など多店舗展開対応の準備に着手。本店1店にこだわる経営を10年継続。
1984年（昭和59年）
多店舗展開の第一弾として静岡県中部初出店となる2号店を清水に出店（千歳橋店）。
1991年（平成3年）
初の駐車場付き100坪店舗北矢部店、150坪店舗島田店を相次いで出店。(株)NIDが主導の小売業96社で組織する日本ドラッグストアチェーン会に加盟。
1992年（平成4年）
代表取締役社長に高田隆右就任。93年に一般大卒者採用を開始。
1995年（平成7年）
首都圏（東京・東大和市）進出。東京1号店の東大和店は調剤併設ドラッグストア1号店。副社長に高田都子就任（入社は1978年）。
2001年（平成13年）
（株）NID社長に高田隆右就任。（株）マツモトキヨシと業務提携。神奈川県第1号店（座間）。店舗数は静岡県84店、東京5店、神奈川1店の全90店舗。
2003年（平成15年）
創業30周年記念式典開催。静岡市若松町に本社ビル購入。店舗数97店、売上250.7億円、社員1,230人。
2008年（平成20年）
マツモトキヨシグループとの業務提携を解消（3月）。イオン系列のドラッグストア連合ハピコムのウエルシア関東と東証2部上場の共同持株会社グローウエルHD（現ウエルシアHD）を設立（9月）。代表取締役社長に高田隆右就任。グローウエルHDは茨城県地盤の寺島薬局、関西地盤のイレブンを子会社化し、関東、関西で約950店舗展開のドラッグストアに規模拡大した。高田隆右は高田薬局代表取締役社長を退任、会長就任。後任の代表取締役社長に高田都子副社長就任。
2012年（平成24年）
グローウエルHDは東証1部上場に変更（4月）。社名をグローウエルから現在のウエルシアに変更（9月）。高田薬局の店舗数は静岡県内122、東京5、神奈川3、愛知12の計142（うち調剤併設59）。
2014年（平成26年）
ウエルシアHDグループの高田薬局、ウエルシア関東、ウエルシア関西、ウエルシア京都の4社は9月1日、ウエルシア関東を存続会社として経営統合。ライオンをあしらった一見玩具店のような外観で親しまれたウインダーランド・高田薬局は40年の軌跡を残して看板を降ろした。
高田薬局の店舗146店（売上高441億円）、社員2,492人。

プロローグ

頑固一徹だった父と家庭内苦労人の母

父と母は大正の世代である。

頑固一徹で、亭主関白だった父。母はしつけに厳しい考え方の持ち主ではあったが、いつも愛情いっぱいに、夫と我が子をどこまでも支えていく良妻賢母型の女性だった。

父のルーツは静岡市、祖父の代に東京に出て、銀座で鰻店を営んでいた。父は12人兄弟の長男だが家業を継がず、横浜国大を卒業し、公認会計士、不動産鑑定士を取得、さらに事業家への道を選んでしまった。

父は独立心にあふれ、上昇志向の強い努力型の強烈な個性の持ち主、しかし、他を寄せ付けないほど感情の起伏も激しかった。

父は先見性のある有能な人でもあった。優れた発想力と器用さで、何事にも貪欲に立ち向かっていった。例えば理科教材用の器具を自前で開発して直接販売するという、スケールの大きな流通の仕組みを考えたりもした。

一方、母は駿府武家の流れをくむ家の6人兄弟の末っ子として静岡市で生まれた。祖先は坂上田村麻呂まで遡《さかのぼ》ることができるらしいが、ハッキリとしているのは、江戸幕府末期の鳥羽・伏見の戦いで新撰組と行動をともにした、遊撃頭・今堀越前守の末裔《まつえい》だということだ。

彼女は、県立静岡高女を経て東京薬専（現東京薬科大学）に進み、薬剤師の資格を取得して静岡県に奉職した。

母の口癖は「隔靴掻痒《かっかそうよう》」「羹《あつもの》に懲りて膾《なます》を吹く」、「何のためにやっているのかを見据えて核心を突け。トンチンカンな事はするな」であった。

東大は断念、早稲田進学で自立へと舵を切る

そんな2人が結婚し、3人の子供を授かった。

私は第2次世界大戦後のベビーブーム時代の団塊世代（1947年〜1949年）の一人として、ちょうどその中間の年（1948年＝昭和23年）に生まれたが、長男だったこともあり、父と母が私に注ぐ愛情と期待は過剰と思えるほど。

特に能力に対する期待は強烈なものがあった。

物心がついた時には「隆右は東大に進学させる」は我が家の常識になっていた。

父は、恐らく実社会で東大ブランドの威力に圧倒された苦い経験があるのか、「東大に入りさえすれば学部など問わない。息子の進学先は東大しかない」との思いを募らせ、母と二人三脚で突飛ともいえる作戦を周到に準備し、実行に移した。

孟子の母は、我が子を学者にするため〝環境が人を変える〟とする故事に倣って、3度も転居を繰り返し、最後は学者の門前に居を移したそうだ。

「孟母三遷」にあやかるように、父は東大赤門のすぐ近くの本郷四丁目に住まいを持った。

私は、静岡市立城内小学校を卒業すると、当然のように父が敷いた路線に乗って東京に移った。そして毎日赤門を横目に見ながら、千代田区立麹町中学校を卒業、国立東京学芸大学付属高校に進学して、いよいよ東大受験の1967年（昭和42年）の日を迎えたのである。

しかし入試の結果は、力及ばずに失敗した。

翌年も再び挑戦したが、またも父の期待に応えることはできなかった。

ただ、この年は父に内緒で早稲田大学政治経済学部も受験して合格した。その理由は、成人式を浪人で迎えたくなかったからだ。

早稲田を選んだのは、実業界、政界で活躍している人が多いから憧れたわけではなく、入試科目から判断して、政経学部一本でも絶対に合格する自信があったからだ。

なぜ慶応ではなかったのか、それは校風が慶応よりも自由に思えたということもあった。常に父の強権から、陰に陽に私を守り続けてくれた母に自分の本心を伝えると、「思い切ってやりなさい」と快く理解してくれた。父の意には添えず申し訳ないと思いつつも、ホッとした気持ちだった。

そんなに強く意識したわけではなかったが、東大を断念し、早稲田への道を歩むことになった。その分かれ道は、私の人生において〝大きなターニングポイント〟になっていった。

父と母から学んだ知恵の数々

私の実家は静岡市の浅間通り商店街。中心市街地からはずれてはいるが、ほどほどのにぎわいのある〝B級商店街の一角〟に、薬剤師であった母が戦後すぐに店開きした、15坪ほどの小さな薬局（後の高田薬局本店）だった。

父は結婚して程なく〝東京の時代がやって来る〟との判断で、新しい事業を始めた。それは息子の東大合格という悲願達成の舞台を整えるために、東京中心の生活に切り替える必要もあったからだ。

母もまた父の世話をするため頻繁に上京することになった。こうなると店は、私が城内小学校に入学するころには〝休眠〟状態とならざるを得なかった。

私は子育てと仕事の両立に慌ただしい日々を送る父と母の背中を見続けながら、たくさんのことを学んだ。

「可能性に限度のない生き方をする」

「組織に入らず自力でやる」

「金持ちになる」

「一人ではやらない。家族、同志と行動し、仲間を増やして事業を大きくする」

「鶏口となるも、牛後となるなかれ」

いずれも私が高田薬局の看板を復活させる形で立ち上げた、新生高田薬局40年を支えた〝経営の原点〟として、胸中に深く刻み込まれているものばかりだが、良い事ダメな事を含めて父母との生活の中で得た知恵が多い。

進学先を父の意に反して早稲田に決めたことで、既存のワク組に入らずに自力で大きな可能性にチャレンジしよう、と方向性を定められたのも、皮肉ではあるけれど、父がリードしてくれたことの一つである。

仮に父が薦めてくれた東大に入学できていたら、エリート官僚か一流会社のサラリーマンになっていたのかもしれない。しかし、大学で何を学び、卒業後いかなる職業を選択するかといった問題意識すら持っていなかった、完全なるノンポリ学生だった自分のことだから、その時点で入学を後悔した気もする。

結果的に早稲田を選択したことで、私のモットー「鶏口となるも、牛後となるなかれ」を地でいく〝トップの座〟を後に得ることになるのである。

もう一つ、逆説的ではあるが、父から実践の教えを受けた。

父の意に背く形で早稲田進学を独断で決めた時、父は烈火のごとく怒り、「今後、お前の面倒は一切見ない。学費も生活費も自分で稼げ」と勘当同然の身となってしまった。ある程度、覚悟していたとはいえ、父がそこまで厳しく出てきたのは想定外であった。

しかし、東大赤門近くに構えた本郷の住居から通うことはできなかったけれど、父が五反田に確保してあった一軒家に住むことは許してくれた。

それ以外はひどいもので、入学式で着用した学生服は、偶然私の先輩だと知った取引先の銀行の方から母が頂いたもの。ボロボロになるまで利用した。学費と一部生活費は母が内緒で払ってくれたが、それ以外はアルバイトで賄った。どうすればたくさん稼げるか、をいつも考えていた。

失敗は多かったが、いろいろ実践もしてみた。

こんな体験をさせてもらったことが、次に生きてくることになったと思う。

変な結果論になるかもしれないが、父が頑固一徹に突き放してくれたからこそ、大学在学中に立ち上げた高田薬局は、何度も潰されそうになりながらも、「負けてなるものか」と開き直り耐え切って、1部上場企業にまで昇る幸運を得ることができたわけだ。

1章　ターニングポイント

(1)流通王の〝薬局から日本一〟に触発されて在学中に創業

「日本一の小売業」。派手な売り込みタイトルが目に入り、思わず店頭に山積みされた本を手に取った。教科書も揃えなくなっていた大学生活5年目の秋、何気なく通り過ぎようとした校門近くの本屋だった。

大半の友人が社会に飛び出してから半年、恥ずかしながらいまだに人生の方向性が見えず戸惑っていた時に起きた、偶然の出会いだった。

政治学科に一応属していたので、子供の時の目標総理大臣になれる〝メ〟はまだ残っている、などと頭の中では思い描いていてもその入口に近づく努力すらしていない、そんな寝ぼけた私の目が覚めた。

小売業に何の興味もなく、中内功さんなる人物が時代の寵児《ちょうじ》だと知ったのもそのずっと後、「日本一」だけが見えてのことだったが、ページをめくって驚いた。

なんと薬局からスタートして、短期間で天下の三越を追い抜いて小売業売上日本一になった、と書いてあったのだ。

薬局から始めて〝日本一〟。えっ、それだったらもしかしたら、僕にもその可能性があるかもしれない！　数ページのペラペラでこの大発見ができたので、後は何も読まずに本を元に戻し、スキップしながら帰路に就いた。

ピンときた以上はすぐ行動しなければと母に相談すると、前向きなサポートをいつもと同じように約束してくれた。

当時はのんびりした時代だったので、20年近く休業状態を黙認されていた店を復活させる形で、すぐさま創業に踏み切った。

本に出会ってから1、2カ月、今思えば無茶苦茶な行動だったが、人生の霧が晴れたからには愚図愚図している場合ではなかった。

場所は私が生まれた所でもある、静岡浅間神社の門前から始まる浅間通り商店街。当時は、今から比べればまだまだ各店舗に活気があったころだった。

我が家は商店街の中ほどに位置し、長い間シャッターを降ろしていたので皆さんに迷惑をかけ続けていたわけだが、これで晴れて仲間入り、繁盛させれば御恩返しができる。夢が膨らんだ。

しかし、世の中はそんなに甘いものではなかった。

（2）同業他社の圧力で正規取引なしのゼロスタート

学生の私は、薬局の知識商習慣はおろか、世の中の生活基準そして一番基本の経済活動として成立する数値基準すら、まったく持ち合わせていなかった。

母の薬剤師としての資格は店舗を運営する上では必須のものだったが、20年のブランクがあったので実務的には素人同然だった。

まずは品揃え。

薬局なのだから薬のメーカーそして問屋と取引して商売を教えてもらおうと考え、テレビなどで見たことのある会社にいくつか連絡した。

来てくれたのは大塚製薬だけだった。ウメビタとかいうドリンク剤の説明を受けた記憶がある。

しかし、この時はまだ気付かなかった。

無邪気にも、どこかで聞いたことのある名古屋本社の薬問屋に、開店するにあたっての取引をお願いした。すぐに来てくださって、親切なご指導をいただいた。次回の商談時に、店頭に並べる商品の見積もりを持ってくる段取りになった。さあスタートするぞ、とその気になった。

そこで衝撃的な事が起きた。

問屋が来ない。約束の日時を過ぎてもなしの礫《つぶて》。催促の末やっと来た。

今でもはっきり覚えている。「ここに見積もりは持っているが、お宅とは取引できません」。世間知らずの私には、最初意味が分からなかった。よそ者を排除しようとする周辺の同業者からの強烈な圧力に屈したためだ、とご指導をいただいた業界のアウトサイダーの方から後に聞いた。今だったら考えられないことだ。

当時でも他の地域では想像だにできない〝珍事〟だと、これも後年仲良くしていただいた西日本の同業者が話してくれた。

しかし、超保守王国静岡の現実は非情だった。地元の薬正規問屋と取引するまで10年以上の月日がかかった。それも問屋の本部長が、周辺の同業者と対峙してまでも取引する、と英断してくれたお陰だった。

さらに同じ理由で、資生堂をはじめとする制度化粧品メーカーと取引が始まるまでには、20年の年月を要した。

当社の低迷時代が長かったのも、一般的な薬局（後のドラッグストア）とまったく異なる経営手法を取り続けたのも、ここに遠因があった。

ただし、薬・化粧品以外の問屋、それも今考えると静岡が本拠地ではない業者にまで圧力は及ばず、開店後しばらくして、東京本社の衛生雑貨問屋白十字、富士市のアシハラ紙業（現アスト）が、協力してくださった。2社とは最近まで非常に親しいお付き合いをしていた。

アウトサイダーに助けられて

頼りにしていた名古屋本拠の薬問屋にシャットアウトされ、途方に暮れた。

しかし、サイは振られたのだから、嘆いても始まらない。生きる道を探した。

私の父は、WとかKなどは大学ではなくて塾みたいなものだ、と言い放つほどの偏屈者ではあったが、新しく事業を始めることに対しては、実は大いなる理解を示した。手出しはしなかったが、いつも興味深く眺めていた。

父の助言で、神田に医薬品の現金問屋があることを知った。

訪ねてみて驚いた。すべて現金だが、一つずつ買うことができて、しかも、私がメーカーカタログで学んだ仕入原価よりはるかに安い。さらに驚いたことに、系列メーカー品は、静岡では定価販売が絶対的な掟《おきて》だったが、売価も自由だという。

いやあ世の中は広いな、と思うとともに、世間知らずの私でも商売ってこういうものでしょ、と思える当たり前の世界にやっと巡り合えた。ホッとするとともに、神田の常識が私の基準になった。

ありがたいことに、静岡に1軒だけ神田出身の薬現金問屋がいることもそこで知り、早速訪ねてみた。城北公園の横で開業していた元芝薬品の佐々木さん。周り一面敵だらけにしか見えなかった静岡で、初めて相談できる味方に出会えた。

佐々木さんは飄々《ひょうひょう》とした態度で、開店に向けてのアドバイスをしてくれた。

少ない商品でも、売れ筋中心に並べて置けばなんとかなるんだ、といった調子。

羹《あつもの》に懲りない私は援軍の指導をそのまま受け止めて、なんとかなると言われた30万円で商品を仕入れた。訳が分からなかったが、並べてみて驚いた。15坪程の狭い店だったが、それでも30万円の陣容には広すぎたのだ。

ショーケースの中はもちろん、壁面の棚にもポツン、ポツンと一個ずつの陳列。まるで夜店の射的場のような雰囲気を醸し出していた。

それでも常識のない私には、立派な店に見えた。

夢と希望にあふれた開店日、ご来店くださったお客様は1人。3千円のスキンが1個だけ売れた。印象的すぎて今でも思い出しやすい。

（3）売上3千円のスタートから5万円になるまで、天井知らずの可能性を感じた

そんな日がしばらく続いたころ、佐々木さんが同じアウトサイダー仲間の化粧品雑貨問屋、寺田商店を紹介してくれた。寺田さんも思い切った方向性を持たれていて、集客に必要な商材をいろいろ提案してくれた。

話はちょっと前後するが、開店してから小学校時代の友人たちが何人か訪ねてくれた。

1日数人のお客様、1万円の売上にもほとんど届かず、5万円の売上が究極の目標かもしれない、と思ってしまうほどのひどさだったが、何しろ商売の数値基準も運営の手法も持ち合わせていなかったので、イライラしたり絶望したり、の精神的消耗度合いは低かった。

それどころか暇なのを幸いに店の奥に引っ込んで、小学校時代の友人たちとおしゃべりをするのが日課、お客様から声が掛かると店頭に出ていくありさまだった。その訪ねてく

れた仲間の一人が松井君だった。

彼はかなり無口な人間だが、絵、字、形などをデザインで自由に表現できる、無器用な私から見れば信じられないほどの技能を持っていた。彼は当社のキャラクター〝ウインダー〟の原作者、今に至るまで全面的に協力をしてくれている。

話を戻す。

まずは寺田商店の商品を武器にチラシを定期的に撒《ま》いた。チラシのデザインと文字は、全て松井君の手書き。

少しずつ売上は上向いたが、それでもやっと1万円台をキープするレベルだった。

次に佐々木さんが紹介してくれた方が静芳堂薬局の池畑さん。静岡では珍しいアウトサイダーの薬局で、この方に実務をご指導いただいて運命が開けた。

店に来て、レイアウト、品揃え、売価まで教えてくださった。

店頭に、使用頻度消耗頻度の高い紙類などを安くして山積みしろ、陳列棚は、お客様が入りやすいように入口に対してタテに並べろ、など。今となれば基本中の基本のような指摘も、何も知らない当時の私には目からウロコに思えた。

チラシ撒布《さっぷ》を継続しながら池畑さんのご指導を素直に実行しているうちに、売上もジリジリ上昇、遂に5万円に到達した。

3千円時代のスタート時点では、一生のうちには、と願うくらいに遠い存在だと思っていた夢の5万円が、あっけないほど早く現実になったので、生まれついての楽観的な意識が頭をもたげてきた。

「商売に可能性の天井はないな、これは相当面白くなってきたぞ」

この後詳しく触れることになるが、店は1店舗で1日200万円売れるまでに成長。池畑さんも後年当社に参加され、最近まで監査役を勤めてくださった。

(4)石油パニックで災い転じて福。正規ルートの取引が始まる

当時、洗剤、シャンプー、ハミガキなどの日用雑貨・化粧品市場は花王・ライオンの寡占状態だった。

そんな時に、寺田商店が見慣れない洗剤を持ってきた。

「全温度チアー」。メーカー名はプロクター・アンド・ギャンブルサンホーム。寺田商店が静岡の代理店になったのだ、と胸を張った。

しかし、私にとっては聞いたことのないメーカー、アウトサイダーが代理店になるくらいでは三流品に違いないと高をくくった。

しかし、いつもと違ってかなり真剣な目をして語り掛けてきた。同行したメーカーの方も本気に見えた。話の内容はなかなか魅力的なものだった。

世界NO・1の化粧品雑貨メーカー、P&G（プロクター・アンド・ギャンブル）が日本のメーカーと合弁会社を作って、本格的に日本進出の道に踏み出してきたというもの。

P&Gは、以前より日本市場への参入を狙っていたがなかなか難しく、小売業界の閉鎖性の壁を乗り越えて、やっと上陸に成功した。

そのテスト販売の地に静岡が選ばれたが、従来型の大手問屋はしがらみに縛られてどこも名乗りを上げない。その隙間を突くように、純粋アウトサイダーの寺田商店が漁夫の利を占めてインサイダーになってしまった、ような話だった。

よく分からなかったが熱意に押された。

以前の射的場とは一変、当店は店中全温度チアーのショールームと化してしまった。

誰も知らない謎の青箱全温度チアー、しかし、これがこの後の得難い体験につながる。

年末に、4年半ほど続けたデパートの配達アルバイト先からSOSが来た。私が3人分を一手に請け負っていた麻布十番、南麻布地区の人手が確保できないので、助けてくれと頼み込まれた。

その地域を私に全て任せてくれて、やればやるほど利益が出ることを実体験させてもらった恩義もあるので、店を冬休みで帰省していた妹に任せて、2週間ほどのアルバイトに出掛けた。そこは学生主体の運営だったので、最終日には必ず打ち上げの納会が行われる。

それに参加した翌日、チラシのスタート日にもかかわらず昼ごろオープンしようと、浅間通りを歩いてきた。すると店に着くかなり手前から、見たこともない長い行列ができている。

なんと、その先頭は我が高田薬局のシャッター前だった。

私は慌てて店を開けた。不思議なことに、並んでいたお客様は、常識外れの行動をした私にやさしくて、とにかく早く洗剤を手にしたい気持ちがあふれ出ていた。

しかし、私にはやさしくてもお客様同士はライバル、店内で壮絶な商品の奪い合いが始まった。生まれて初めての異様な光景だった。

世界中を混乱させた石油パニックの影響が、まさかの当店にまでも及んできたのだ。たぶん店全体が全温度チアーのショールーム化していたからだろう。一過性の出来事だったが、当店始まって以来の（まだ始まったばかりだったが）驚くべき成果を挙げることができた。

大きな転機となった地元有力問屋2社のご支援

第1次石油ショックで世界中が石油パニック状態に陥ったのは、石油輸出国機構（OPEC）加盟産油国のうちペルシャ湾岸の6カ国が、石油価格をさらに引き上げたことがきっかけになったからだ。その後、経済にとって血液とも言うべき石油価格は、常態的に上昇していった。

日本では翌年の消費者物価指数が実に23％も上昇し、〝狂乱物価〟という造語まで生まれる事態となった。

そして石油価格に直接的に関係のない、トイレットペーパーや洗剤などにも影響が及び、その反面で競争力を失いつつあった構造不況業種などは厳しい直撃を受けた。

騒ぎは半年後収まったが、〝狂乱物価〟の反動で、医薬品・化粧品・洗剤など在庫を抱え込んでいた問屋の倒産が相次いだ。正規取引ルートを持っていない高田薬局にとって、ＰＧ代理店の寺田商店が巻き込まれて倒産したのは痛手であった。

この時ばかりは、また振り出しに戻ってしまったんだとガッカリしたことを、今でも鮮明に覚えている。

しかし幸いなことに、寺田商店と組んだＰＧ商品の予想外の実績に注目していた、静岡の化粧品雑貨問屋の大手であるチヨカジ（現中央物産）と木村屋（現あらた）が、高田薬局に正規取引を申し入れてきた。

寺田商店の業績もすべて引き継いだ上での念願の正規取引が、２つの有力な問屋の間で成立したのだ。ようやくにして、宿題だった正規取引ゼロから抜け出した。

高田薬局にとっては、災い転じて福と成す大きな転機となった。

これで化粧品雑貨の両輪は動き出したが、圧力を受けている医薬品問屋との取引は依然まったくメドが立たなかった。

ルート外に出てくるのが珍しい、医薬品直販メーカー大正製薬の殺虫剤を、神田の現金問屋で大量に仕入れて安売りをした。

当時直販メーカーの商品はすべて定価販売だった。しかし、高田薬局はどこの系列にも入っていないのが強味で、想定外の行動に出るのが常套《じょうとう》手段、この場合もその一環だった。

ある日突然、大正製薬の方が来店した。正規取引の申し込みだった。医薬品メーカーとの初の接触、とてもうれしい記念すべき出来事だった。

その結果、店内は大正製薬の医薬品が山積みとなった。

医薬品売り場の品はすべて大正製薬の商品という、他店では考えられない品揃えになった店内で、妹の都子《ともこ》が次々にお客様に対応していく。しかも売れる。

都子を中心に、常識的な同業店舗とは大きく異なった接客の仕方が功を奏したのだ。これが、後に新しいビジネスモデルとして、お客様の圧倒的な支持を得ることになる。

風穴を一つ開けると、事態は好転していく。

次に、販社ルートが確立していて、ガチガチの定価販売の仕組みで稼働していた花王の商品を、浅草橋の現金問屋から運んでディスカウント販売。

これまた大正製薬と同様に正規取引の要請があり、天下の花王との取引が始まった。

それ以降はお決まりの、店中花王商品のオンパレード。大正製薬・花王の両社とは、今でも親戚付き合いだと思っている。

医薬問屋は近づかず、資生堂もカネボウもなかったけれど、チヨカジ、木村屋の両大手日雑化粧品問屋、そして、日の出の勢いの大正製薬、天下の花王、さらに開店時から取引できていた衛生雑貨の白十字、紙のアシハラ（現アスト）、と本格的な事業展開の枠組みがここで揃った。

一般的な薬局の常識からすればかなり偏った布陣だろうが、私にとっては十分すぎるほどの強力な仲間だった。

（5）驚異の販売実績が〝美と健康の夢売り企業〟としての方向性を決めた

大手化粧品雑貨問屋チヨカジとの取引が順調に進む中で、驚きの商品が紹介された。アメリカ製のヘアケア商品レブロンフレックスシャンプーとコンディショナーだった。

全温度チアーの大成功以来、新登場のアメリカ商品には好印象を持っていたが、この商品は従来の価格基準を破壊してしまうすごいものだった。当時全盛のエメロンも花王フェザーも、シャンプー・リンスどちらも、レギュラーサイズは1本100円。ところがレブロンはシャンプー・コンディショナーともに1本1000円、実に10倍の価格だった。

既存のレベルだとこれは到底販売できる商品とは思えないので、一部特殊店舗を除いては、話題性の演出として1、2本飾って置くもの、と位置付けられていた。しかし当店の考えはまったく違っていた。

目にした途端、あこがれのアメリカを感じた。見たこともないおしゃれなボトル、トロッとしてクリーミィで甘い香りのコンディショナー、呼び名も、聞きなれた〝リンス〟ではなくておしゃれな響きの〝コンディショナー〟。これだ、とピンときた。

はっきり言って商品に惚《ほ》れた。

私も一緒に行動している妹も、社会的常識人ではなかった。どちらも会社勤めの経験はなく、いきなりこの仕事を始めている。経済観念も生活実感もない、夢多きだけの若者だった。

ここではその強味が生きた。

1本1000円の価格は、高さにおびえるよりも本物のアメリカの格好良さにつながった。これを思い切りアピールしよう。妹と二人で作戦を練った。

すべてのお客様がお通りになるレジ前、段ボールごと山積みにして派手なPOP（商品の特徴や価格などを表示したもの）を取り付けた。既存の取り扱い店の方が見れば、度肝を抜かれるような光景だったと思う。

ここからがさらに普通とは違う。商品の隣に妹が立ち、高級品に興味がありそうな方だけではなく、すべての女性のお客様に声をお掛けした。まずは手に取っていただく。次にボトルのキャップを取って甘いアメリカの香りとトロッとした品質を実感していただき、日本のシャンプー・リンスとの違いをアピールする。そして使用した後、髪がどんなに美しく仕上がるかの夢を、一人一人の髪質に合わせて楽しくお伝えする。大成功だった。

おしゃれな姿の方も、普段着のお客様も、老いも若きも、今思い返すと全員の方が買ってくださったのかな、と錯覚するほどに売れた。

値段はたいした問題ではなかった。美しさへの〝夢〟が勝った。

話を聞いた後、お客様はニコニコしながら買ってくださった。

売れ出してからの反響はすごかった。まずは取引条件が破格なものになった。最初は建て値（メーカー・問屋が決めたお仕着せの原価）だったが、そのうち10プラス1になり、建て値自体も下がっていった。

それに増してのレブロン、チヨカジの応援は想像をはるかに超えたものになり、商売の可能性の深さを天地がひっくり返るほどに味わった。

人がやらない事、やれない事をやる。今まで見たことがない、もしくは人知れず埋もれていた商品を手掛ける。ただし、お客様が自分にとっての楽しい夢、と感じていただけるものに限る。

特に、有力なメーカー・問屋が開発もしくは取り扱おうとしている画期的なものならベスト。一人一人のお客様への対面接客を基本として、美と健康の夢提案をする〝夢売り企業〟としての当社の方向性は、この劇的な成功事例で決まった。

この枠内に入った商品は積極果敢に取り上げた。

意欲に燃えたチヨカジ岡部社長の導入した、ポンプ型ハンドクリーム「ローズミルク」、スキンケアローションの「テンオーシックス」、泡ブロ入浴剤の「ジーンナテー」など私にとっては懐かしい商品ばかりだ。

生きた妹都子《ともこ》の接客術、メーカー・小売の共同作戦で画期的新商品を生み出す

高田薬局の親戚、大正製薬と花王も画期的新商品に挑戦してきた。

新しい時代の幕開けを嗅ぎ取った大正製薬は、我々小売店を対象にしたアメリカ研修旅行〝イーグルセミナー〟を毎年開催した。私も数回参加してさまざまな方と知り合いになったし、店舗展開をしていく上で役立つこともたくさんあった。

さらに大正製薬はイーグルセミナーを起点にして、アメリカ型のサプリメントシステム〝ビオディナ〟を立ち上げた。もちろん当社はイの一番に参加、目を見張る成果を上げて上原社長（現会長）をはじめ上層部の方にとても可愛がっていただいた。

続いて、花王が初めてのブランド化粧品〝ソフィーナ〟をデビューさせた。化粧品・雑貨メーカーが制度化粧品に挑戦する意欲的な商品だった。なぜか静岡がテスト販売の地にまた選ばれた。

この時はスタート時から花王と高田薬局の利害は一致していた。資生堂、カネボウ、コーセーの制度化粧品メーカーは依然寄り付きもせず、ブランド化粧品の分野にポッカリ穴が

空いていた当社にとって、待ち望んでいた商品の登場だった。

当然最初からフルラインで臨み、花王も手厚く応援をしてくれたが、これは軌道に乗るまで少々苦労した。

しかしここでも、レブロン以来培われた妹都子《ともこ》の接客術が生きた。お客様にソフィーナを手に取ってもらい、香りを確認、すべすべの使い心地も実感してもらった。そして使い続けると美しさが増してくる〝夢〟を語った。

資生堂をはじめとする制度化粧品メーカーの壁は厚かったが、徐々に浸透していき、遂には高田薬局が静岡で一番売れるまでになった。ソフィーナ全国展開の弾みになったはずだ。当時の佐川会長の目にも留まったようで何回も静岡にいらっしゃった。明るい妹のファンになってくださったに違いない、と思っている。

会長のお勧めで丸田社長も当店を訪れてくださった。この時から花王との結び付きはさらに深まった。

この方針はこの後もずっと堅持され、明治の画期的なドリンク剤〝活蔘28〟の販売数においても高田薬局は圧倒的全国1位の座を確立した。これもゼロからのスタートだった。活蔘28は今やこのクラスのドリンクではNO・1のシェアを誇るまでに成長、明治と高田薬局の信頼関係も強固なものになっていった。

ロート製薬が、新しい時代の到来を見据えて欧米型のアンチエイジング化粧品の開発を始めていた時には、都子が当初から山田社長（現会長）の話し相手になった。

実務家で女性で、そして近いうちにその商品のメインターゲット層になるであろう彼女の意見は、その後の2人の人間関係を眺めてみると、少しは役に立ったようだ。

制度化粧品とは異なる切り口のオバジ・セバメド・プロメディアルの3ブランド。これこそ新しい時代が求める美しさへの夢提案品と位置付け、高田薬局は総力を挙げて取り組んだ。

社運をかけてブランド化粧品分野へ進出したロート製薬も、高田薬局を最重点企業と位置付けて、徹底的に応援してくれた。未知の分野の商品だったがメーカー・小売の共同作戦の熱意が実り、想像を超えた大成功を遂げた。

この時には、高田薬局にも資生堂などの制度化粧品が導入されてはいたが、創業時と同じように、一般のドラッグストアの常識とはかけ離れた収益構造になっていた。

普通ドラッグストアのブランド化粧品部門の売上順位は圧倒的に資生堂が1位、利益額もそれに順じているのだが、高田薬局はまったく違っていた。

後に一緒になった鈴木会長もその事実を知った時にはビックリしていたが、当社のこの部門の1位は売上、利益額ともにロート製薬。これぞ〝夢売り屋〟としての当社の真骨頂、リーダーとしてはとても誇らしいことだった。

全面的に支えて下さった山田社長をはじめとするロート製薬の皆さん、そして妹を中心に頑張った高田薬局の社員、パートさんに心から感謝している。

(6) 妹都子《ともこ》を中心に家族仲間の協力があって次に進む

私が大学在学中に突然思い付き、母の援助と自分自身の大学受験準備で忙しかった妹の手助けで、無謀ながら船出をした高田薬局だったが、創業11年目の1983年(昭和58年)に法人化をした。

次に向けての当然踏むべきステップだったが、見かけだけの会社ゴッコにならないように役職で呼ぶのは避けた。私はそれまでと同じ呼び方の「お兄さん」、妹は「ともこさん」、他の人も全て「さん」付け、のままだった。

組織的な行動の重要性を私自身が理解していなかったのと、今まで作り上げてきた家族のような心地良い団結心を崩すことに、恐怖を覚えたからだ。少ない人数だったけれど一騎当千、タイムカードなどもちろんなく、夜遅くまで全員働き続けた若武者軍団の強味こそが、経営のすべてだった。

正直に申し上げると、私ももちろん昼夜を問わず一緒に働いたが、実務者としては有能ではなかった。今だったらイヤなタイプに属すると思われる、命令するのが得意な人種なのだ。非常に幸運だったが、同じ父母から生まれたのに、私が母のお腹に忘れたものを妹は持ち出してきていた。

行動力に優れ、しかもセンスが抜群だった。私の十八番、命令なるものを乱発しても、逆らうこともなくこなしていった。

私が一歩先を読んであれこれ指図したはずなのに、彼女は想定以上の付加価値を付けてやり遂げてしまう。その並外れた能力には身内ながら感心するばかりだった。

妹によれば「お兄ちゃんほど天井を見る（先を見通せる）ことのできる人は滅多にいない。しかし実務は不得意である。だから貴女がお兄ちゃんを担げ」と、母から言われていたようだ。だからその意向に沿って動いてくれていたのだろう。

私にとっての妹都子《ともこ》は、どんな曲球《くせだま》でもノーサインで捕ってくれる名キャッチャー、豊臣秀吉の天下取りを支えた〝私の〟黒田官兵衛と言っても過言ではない。

とにかく最大の協力者が私の足りないところを補充する最強のパートナーなのだから、大変心強く、そして幸運だった。

現在は今年93歳になる母と同居して、脳卒中で倒れてから20年になる母の介護を一手に引き受けている。それをこなしながら仕事でも陣頭指揮、さらにテレビ、ラジオに出演して静岡の皆さんに情報発信をし続けているのだから、本当に頭が下がる。

13歳年の離れた弟智生《もとあり》も強い味方だ。

年の差が弟の人生に影響した。学生時代の私には冷たかった父も、起業したことには興味を示した。

父母の代から始まった「新しい可能性にチャレンジをする」高田家の歴史の浅い伝統、を受け継いだスタートに見えたからだと思う。

6年後弟の大学受験の時、父は薬大に行くことを勧めた。この仕事の将来性に期待が持てたからだろうか。父は見通しの効く人だった。

何の準備もない突発的なスタートだったので、私も妹も本来は薬局運営の門外漢だったが、弟は違った。高田薬局の成長を見ながら自ら方向性を決めることができた。兄弟唯一の薬剤師になって、私も妹も味わったことのない他企業就職も体験した。東京新宿の龍生堂薬局に2年間お世話になった。

私に欠落している特徴を妹が持ち、弟は薬局運営上必要な専門家になったので、それぞれが存在価値のある体制になった。

父母から反面教師的な側面を含めて学んだ、大きな仕事にするには家族の団結・仲間との行動だ、との思いを兄弟3人が共有できたことは大きかったと思う。

創成期に出会った仲間たちと仕事の醍醐味を味わってきた

高田薬局には良き仲間たちもたくさんいる。創成期から我々の行動に興味を持ってくれた方々だ。

1店舗時代は松井章一郎さん、田村幸洋さん、小松郁子さん、岡田和隆さん、長坂常司さん、村松雅生さん。3店舗になった時に宮崎宰治さんが加わって、さらに社歴20年以上の穂崎恭久さん、水上博文さんが続いた。

どなたも小さなご縁での参加だった。

松井さんは城内小学校の同級生で、ほぼスタート時期から手伝ってくれた。毎週撒《ま》いた手書きチラシの作者だ。高田薬局キャラクターのウインダーは、私の大好きだった西鉄ライオンズをヒントにした松井さんのオリジナル作品である。

田村さんは松下電器の経理担当で静岡支店に転勤、静芳堂の池畑さん行きつけの飲み屋で知り合った。私と同じ年齢で、苦手な経理を一手に引き受けてくれた。

新卒薬剤師の第一号は小松郁子さん、お兄さんが大正製薬の社員で当社の担当だったご縁で、学生時代から関わっていただいた。今は島根県に嫁がれている。

岡田さんは母方の従弟で証券マンからの転進、もの珍らしそうに店頭にやって来ていつの間にか居着いた。その後管理部門担当の常務になった。

田村さんの行きつけのスナックで知り合ったのが長坂さん、妙にカラオケが上手だった。当時肉体労働のアルバイトをやりながら薬剤師の国家試験に合格したばかり、スナックのマスターの紹介で入社した。高田薬局の大きな特徴である自社開発商品の責任者として活躍している。

大正製薬の新入社員で高田薬局担当になったのが、村松雅生さんだった。都子に懐いて業務終了後毎日来店、その日の出来事を妹に報告すると落ち着くらしかった。律義に毎日来るので「そんなに心地良いのならウチに来たら」と都子が勧めた。それから1週間後に彼は高田薬局への入社を決意した。後に若手のリーダー、営業本部の常務として活躍した。

ここまでが1店舗時代からの強者。大企業勤務からニコヨンまでさまざまだが、今考えるとよく入ったものだと感心する。

宮崎さんは主たる取引先チヨカジの当店担当者だった人。物を見極めて割り切った行動ができる能力者、として評価していた。これも私に欠けている部分だ。担当を外れたのでこれ幸いと強く勧誘した。

店舗展開を始めて3店舗になったところだったので、今後の多店舗化にどうしても必要な人材だった。今は小さくても将来は、と大きな目標を語った。やはり意気に感じて参加を決断してくれた。

当社初の、そしてその後も記憶にないスカウト人事だった。後日談だが、周囲の人からはよくそんな決断をしたね、と驚かれたらしい。常務開発本部長として拡大戦略に大いに腕をふるってくれた。

その後入った新卒者については次章で触れるが、昔から顔見知りの穂崎さんが入社してからも、20余年の月日が経っている。田村さん穂崎さんと私はソフトボール仲間、各々がライバルチームに所属していた。穂崎さんは広報の責任者として力を発揮した。妹の幅広い活動をサポートするばかりでなく、私も公私にわたって支えてもらっている。

まだ何人もの人にスポットライトを当てたいが、きりがないのでもう一人、ユニークな存在の水上さん。

元市役所職員だったが、ちょっとしたキッカケで入社した。役所勤めが長かったので民間では通用しにくい堅物かな、と期待度は低かったが開けてビックリ玉手箱だった。全然役所人間らしくない。

決まった仕事は嫌いで堅くない。その代わり人の嫌がる交渉事、なかなか入り込めない組織への参加などを得意とし出掛けた以上は必ず獲物を引きずってくる仕事人、一般受けはしないが私の評価は高い。

妹、弟はもとより、創成期からの仲間とともに日本一に向けての成長の醍醐味を味わえたことは、その後に続いてくれた社員を含めて皆さんに感謝するとともに、今は責任の一端も果たせてちょっとだけ安堵している。

そしていつも明るく楽しい家庭の中で支えてくれた妻と娘。2人がいるから次々と起こる難局に対しても心が折れずに取り掛かっていける。

社外でも大勢の方に助けられたり、注目していただいたりした。

特に妹都子のユニークな発想と行動力、そして人に媚《こ》びないのに人懐っこい前向きな明るさ、が生きた。大きな組織の普段会えないようなリーダーの方が、妹のためにさまざまな応援をしてくださった。

都子と一緒に偉い人にお会いする時は、分をわきまえてしゃしゃり出ないようにしている。

(7) 幹が太くなるのを待ってから多店舗展開へ

日本一になることが目標で起業したのだから、訳が分からない時から多店舗展開だけはイメージしていた。

売上3000円の開店初日も、やっと1万円台をキープし始めてからも、夢と思われた5万円に到達した時も、今こそがアクセルを踏むタイミングか、と自問した。なにしろ経済活動に対しての基準を何も持ち合わせていなかったのだから、実にオメデタイ頭の構造だった。

長い低迷時代が続いたが、レブロンフレックスの成功で方向性が定まり、待望の医薬品直販メーカー大正製薬との取引が始まってしばらくしたころ、そろそろ店舗展開の時機が来たのかな、とまた思った。

店内の医薬品コーナーは大正製薬だらけだったが、商品はフルラインで揃っていた。他店ではあまり見かけなかった薬の山積みコーナーまである豪華さだった。

連続の追い風が吹いて、続いて始まった花王との正式なお付き合いのお陰で、化粧品雑貨コーナーは花王、チヨカジ、木村屋と有力どころが勢揃い、これは驚くべき充実ぶりだった。

医薬品コーナーは大正製薬に片寄り過ぎているとの常識的な指摘もあったが、なにしろ射的場からフルラインへの変身だったので、我々は水を得た魚状態だった。

お客様のすべての要望に対して、自信に満ちた笑顔の接客で、大正製薬の商品をお奨めした。信じられないほどよく売れた。

これで制度化粧品以外は全部揃った。売上も5万円台が下限になるほど上昇基調になってきた。

よしやるぞ、のタイミングだった。

希望の光が見えたり、行動していることがうまくいったりすると黙っていられない性分の私は、今度は自問せずに、記念すべき第一号の正規取引を申し込んできた大正製薬の担当の方に相談をした。

「将来多店舗展開をしたいのでそろそろ支店を出すのはどうでしょうか」

取引金額が増えるので大賛成してくれると思いきや、答えはノーだった。

多店舗展開をするなら、それを支えられるだけの太い幹がなければ無理だ。枝を多く出そうと思うなら、枝数に見合う太さが必要。無理をしてひっくり返った木を自分は何本も見ている。今の売上をとにかくも大丈夫だ、と確信できるところまで伸ばすことに専念すべきだ、との厳しい諫《いさ》めだった。

確立した判断基準を持ち合わせていないことに対しての耳障りな意見には素直に従う、を行動の一つの指針にしていたのでここは自重のタイミングと、はやる気持ちを押さえこんだ。

こんな時、大学時代に5年間も時間を浪費し続けたこと、店を始めてからの長い低迷時代にイラつくような精神的消耗が少なかったことが生きた。

志さえぶれずに堅持していれば、時が来るまでいくらでも待てる。志の高さがあれば、どんな時チャンスが来てもアクセルをすぐ踏める。それが私の信条だった。

「鳴かぬなら鳴くまで待とうホトトギス」に近いかもしれない。

とにかく、幹を太くすることに専念した。陣容が曲がりなりにも整い、運営手法も確立した異色の店はどんどん忙しくなり、15坪の店内は急速に手狭になっていった。

ついにはお客様が通行できないほどの繁盛ぶりとなり、若い我々はいくらでも働いた。店はお客様一杯で活気にあふれ楽しくて仕方がない、15時間でも20時間でもいくら働いてもまるで苦にならなかった。長い間貯えていたエネルギーがほとばしった。

店舗の拡大、改装も繰り返した。

改装の時好意で手伝ってくれた友達がいた。お礼の意味も含めて翌日店が片付いたら飲みに行く約束になり、当日も手伝ってくれた。しかしお客様が多すぎて夜中12時過ぎまで片付けが終わらず次の日ということになって、懲りずにまた手伝ってくれたが、その日はなんと夜明けまでかかってしまった。まるで飲みに行く事をエサにした詐欺まがいのエピソードで、今でも笑い話のタネになったりする。

レジにお金が入りきれないので、営業途中に店裏の空地でお札を数えた記憶がある。仕事する→寝る、または仕事する→飲みに行く→寝る、の毎日だったが、創成期の仲間とは否応なしにいつも一緒だった。

忙しくて毎日楽しくて支店を出すことなどすっかり忘れてしまった日々だったが、気がつくと売上は日商200万円を超えるまでになっていた。

今度は私の思惑ではなく自然に2号店の話が進んでいったが、これだけ太い幹にできたからこそ次に来る苦しい時代にも持ちこたえることができた。

大正製薬の一番最初の担当者のお陰だと今でも感謝している。

(8) ピカピカの仕事を確立するために新卒者採用にこだわった

辺り一面からシャットアウトを食らい、超難産の船出だったが、なぜ私ごとき弱小にそれほどまでの迫害を加えたのだろうか、と今でも疑問に思う。

当時薬局は規制に守られていた業種だった。長年の経験で申し上げると、規制に守られたものほど後でひどいことになる。理由は緩和されることを想定した準備をしていないため、またしていても、外部のしがらみのない勢力の自由度に勝てない構造的な問題がある、と認識した方が良い。

現在我々既存の薬小売業界が抱えているネット販売業者との懸案事項も、遅かれ早かれ、調剤も含めて全面解禁になることを覚悟しておいた方が良い。事の良し悪しではなくて、それが時代の流れというものだ。我々ドラッグストアが新興勢力として、なし崩しの規制緩和の追い風を受けて薬小売業界を席捲したのと構図は同じだ。

時代の変化とともに我々ドラッグストアは、いつの間にか攻める立場から守る側に所を変えていることに気付くべきだ。

というのが現状に対する私の認識だが、それはこのくらいにして、歴史的な話に戻す。

薬、化粧品の再販制度、さらに立地の距離制限、そして薬剤師という資格者が必要な特殊・閉鎖性もあってか、一般人から見れば薬局も物品小売業なのに、店主とか奥さんは〝先生〟と呼ばれていた。これには耐えられないほどの違和感を覚えた。当然店も浮世離れしていた。薬局だから安売りなどもってのほか、薬局だからありがとうございますなんて言わない、薬局だから……が多すぎて、そのほぼ全部がお客様の望んでいることではなくて、店側が有利になるものばかりだった。

本来ならこんな市場に参入するのが一番楽だ。業界の常識を覆すことがお客様に受け入れられることなのだから、しがらみのない人ほど成功する。先ほど述べた通りだ。チラシを撒《ま》いて安さをアピールする。店頭に安売り品を山積みにする。薬も化粧品もチラシに入れてディスカウント販売する。初めは当局の規制が厳しい場合もあったが、やがて再販制度は崩れ、薬の安売りも当たり前になった。こんな単純な手法で成長したドラッグストアは多い。しかし高田薬局にはもう一つ大きなハードルがあったわけだ。武器と弾薬が来なかったのだ。現在では信じられないことだが、それが当時の静岡薬業界だった。

皮肉な言い方をすると、私たちに対してガードを固めた人は見る目があったとも言える。とは言え、今思い返すと、楽チン商法を阻止された分だけ高田薬局の成長が遅れた。これは痛かった。

しかし、その代わりに、他のドラッグストアではまったく真似できない、新しい事業展開の手法を編み出すことができたのだから、何とも言い難い。

高田薬局の理念は〝不老不死へのアプローチ〟、社是は〝私達は販売活動を通して地域の人々に美と健康の夢提案をし、美と健康にますます貢献します〟だが、この方向性は、レブロンフレックスの成功を踏まえて決めたものだ。店名も夢提案にふさわしい、そしてディズニーランドのように楽しい非日常性空間を目指した〝ウインダーランド〟に決めたのも、それを前提にしたからだ。

発想行動、どれをとっても他のドラッグストアでは真似ることのできないまったく異なる仕事にしよう、それが日本一に近づく高速道路だ、と胸を張った。

従業員にはこだわった。事情通なら参加するわけもない店だったが、幸いなことに縁あって協力してくれた創成期からのメンバーは、誰一人小売りの経験がなかった。

これから異次元の仕事にするからには、薬小売業界の経験は要らない。手間はかかるけれどまっ白な新卒者が良い、とこだわった。

初の新卒薬剤師入社面接試験は弟の下宿で
キーパーソンとなる女性も相次いで入社

そんな基準を引っ下げた、記念すべき第1回新卒薬剤師入社面接試験は、薬大に通っていた弟の下宿だった。当時は依然1店舗だった。今も昔も変わらず薬剤師は金の卵、無名の1店舗しかない高田薬局に入ろう、なんて思う人はいるわけがなかった。ここでは年の離れた弟の力が生きた。父が薬大に進学させただけのことはあった。

将来の可能性を私や妹と同じように信じた弟の熱心な誘いで、冷かし半分だったが、4人もの学生が集まった。そしてなんと、そのうち3人が入社した。今考えてみると信じられない出来事だった。この時の3人とも残念ながら長続きしなかったが、弟の母校帝京大学薬学部とは太いパイプでつながった。

翌年からは順調に新卒者が入ってくるようになった。弟の大学の後輩だけでなく他の薬大からも参加者があった。高卒、短大卒、四年生大学卒、薬大卒とゴチャ混ぜだったが、全員参加で行った「魚磯」での新入社員歓迎宴会が懐かしい。この時に、都子《ともこ》を中心とした高田薬局の原動力、女性チームのキーパーソンになる村松久仁子さんが入社している。

弟のルートから入った薬剤師は県外出身者が多かったが、県内の在住者は圧倒的に女性上位だった。そんな事情もあって、急速に店舗展開していく上で、女性にも男性と同等以上の活躍の場を用意した。実務的な能力でも女性優位のことが多く、店長の過半数を女性が占めた時期がかなり長い。現在でも4割以上の店長が女性の、完全なる男女平等企業だ。高田薬局は、はっきり言って妹の力で上昇のキッカケをつかんだ会社なので、実は男女平等以上に女性に頼っている。

当時の社会構造はまだまだ男性中心、いくら優秀でも大学を卒業したら女性は地元に帰るのが普通だった。20代の女性の県外流出が多い現在の状況とはまるで逆の現象だが、そのせいもあって、無名の高田薬局にも優秀な女性が就職する可能性があった。ちなみに弟の妻は元高田薬局の社員だが、東京薬科大学首席卒業の才媛だ。

村松久仁子さんが入社して数年後に、小川美恵（旧姓望月）さんが入社した。ちなみにその年の新卒薬剤師は彼女1人だった。

村松久仁子さんも小川美恵さんも男性をはるかにしのぐ有能さを示し、輝かしい実績と指導力を武器に会社をリードしていった。

高田都子、村松久仁子、小川美恵。高田薬局はこの3人を中心とした女性軍団の力で成長したと言っても過言ではない。

村松久仁子さんは創成期のメンバー村松雅生さんと社内結婚、小川さんも結婚、出産、子育てをこなしながら会社の中枢で頑張り続けている。後に2人とも取締役に就任した。

村松久仁子さんはお父さんの看病で残念ながら最近退社、小川美恵さんは今でも最強リーダーとして会社を引っ張っている。

ついでの話だが、弟だけでなく私も社内結婚、会社の仲間と一緒になれたことに喜びを感じている。ただし弟も私も子供は1人ずつ、妹は未婚なので今後のことを考えると少々心細い。

(9) 16店舗目、100坪の清水北矢部店で劇的成功

いよいよ満を持しての店舗展開が始まった。

出店場所は清水市(現静岡市清水区)に狙いを定めた。静岡で店を出すと想定外の邪魔が入るかもしれないと、まだトラウマ気分が抜けきれていなかった。しかし店は日の出の勢いだったので同じやり方をすれば間違いなし、と自信はあった。

清水市は人口も多く市民の意識もほぼ静岡と同じ、肝心の薬局業界は静岡以上に旧態依

然としており、ライバルは不在と判断した。ただし静岡の高田薬局が出店となれば大騒ぎになるのは目に見えていたので、名前を変えた。昔父が新規事業として自社開発した学校教材用顕微鏡のブランド名が、〝アリオス〟だった。命名の由来は聞き逃したが、既に亡くなっていた父もこの仕事に参加してもらおうと、「薬局アリオス」名で出店申請をした。狙い通りに、さしたる混乱もなく開店にこぎつけた。数年間入居者不在だったマンションの一階店舗、10坪程の小さな店でもちろん駐車場などなかったが、必要とも思わなかった。開店当日からチラシを撒布《さっぷ》、清水市では見たことがないニュータイプ薬局だったせいか、笑いが止まらないほど売れた。当時は日用雑貨などはザルに入れて販売していたが、ザルに入れた途端売り切れてしまうのだ、と新店長になった村松雅生さんが興奮して話していたことを思い出す。

本店に続く2店目、清水千歳橋店の大成功でこのやり方間違いなし、と確信した。私は悲観的な運命論者ではないが、人それぞれ運命の特徴がある、と思ったりする。

私の特徴は、何事も最後は結果オーライ的な幸運に恵まれるが、プロセスにおいては良い事が続かないタイプ、図に乗ると大体挫折の憂き目に会う。好事魔多し、のモデルになっても良いぐらい。でもいつも結果オーライの結末が待っているので、深く反省もしないが極端にめげたりもしない。今回もそれだった。

2店大成功で勢いに乗った私はまたいつもの癖で、日本一にリーチがかかったような気分になっていた。１９８５年（昭和60年）８月12日、その日の事は忘れられない。

創成期の仲間たちと、テレビ静岡の向かい側にあった知り合いの居酒屋で酒を飲み交わしながら、これから3年間で15店舗を出店する大計画をぶち上げていた。夕方の６時過ぎだったと思う。つけっ放しのテレビ画面が目に入った。日航ジャンボ機が行方不明になったという衝撃的なニュースだった。私の途方もない計画に一同びっくりして、それに向けて決意と具体的な段どりを話し合おうとしていた矢先だったが、こうなると驚きの計画発表などはあさっての方向に飛んでしまい、全員テレビに釘付けとなった。その後御巣鷹山へ墜落、坂本九さんをはじめ大多数の方が犠牲になったが、女性４人が生存していた事も明らかになった。私にとって忘れられない日となった。

本当は、どんなに苦しくても計画通り出店する、赤字であろうととにかく前進あるのみ。15店舗出店は必ず達成すると、強い意志を示したかったのだが、そんなことはここまでを一緒に体験してきた仲間にとっては言わずもがなだったのかもしれない。

3店舗目はさらに東の富士宮島店、バイパス横の何もないところだった。続けざまに清水高橋、藤枝小石川、唐瀬通り、太田町、小鹿と出店を重ねた。大きさはすべて30坪以下の小型店。立地環境はあまり考慮せずで、駐車場も軽視した。

正念場でお膳立てしてくれた〝女神〟は1店舗時代の古き友

10坪でも、数年間入居者なしの三等立地でも、駐車場ゼロでも大繁盛したのだから、アバウトな出店でも大丈夫だろうと成功体験を重視した行動だったが、3店目から様子が違った。ザルに入れた商品はいつまでも残っていた。好事魔多しが始まってしまったのだ。パッとしないが続いたが、出店も続いた。それでも固い決意の15店まで出店できたのは、1店目が太い幹になるまで我慢したお陰だった。

3店目から不調に陥ったのは、時代の変化を見逃した私の怠慢だった。2店の成功事例に過信したせいだ。お客様は徒歩または自転車でお越しになる、チラシと接客を武器にすれば店の大きさは問われない、と思っている間に、駐車場付の100坪店舗の時代になっていた。お客様は、今まで同じような店がなかったから当店を利用していただけ、だったのだ。我々は、勝ち上がったのと同じパターンで取り残され組になっていたのだ。当時首都圏を中心にした関東地方には、何軒も伝説的な売上を誇った有名な小型店があったが、成功体験が強烈なあまり時代の変化に対応できず、その多くが消えていった。教訓になる現象だった。

いよいよ16店舗目、当社にとっての正念場だった。

ここで再び幸運の女神が微笑んでくれた。

1店舗時代の古い友人に、岐阜県大垣市を本拠地にしているユタカファーマシーの高木さんがいる。安い腕時計や羽毛布団など企画外の商品を提供してきた、朝日トレーディング本田さんの紹介だった。

本田さんはお母さんが東洋大学の教授だったり、本人も薬大卒業だったりの異色アウトサイダー稼業の方で、私とは妙にウマが合う30年来の友人。さまざまな人を紹介してくれた。

高木さんはその一人だったわけだが、当時は1店舗の悩めるドラッグストア、強力な競争相手のいる岐阜で大苦戦を強いられていた。非常に真面目で行動力のある高木さんは勝ち抜くヒントを求めて、当時1店舗ながら脚光を浴び始めていた高田薬局の店頭に立った。1週間我が家に泊り込みで、あまりの熱心さに母は高木ファンになったほどだった。ちなみに高木さんは、料理が苦手な母の作ったものを食べた貴重な同業者でもあった。

その後も成功の道を探し続けた彼は、いつからか時代の先端を行く100坪ドラッグストアの研究グループの一員になっていた。

新しく開発した岐阜養老店、すぐに見学させてもらった。前面に20台以上の駐車スペースのある長方形の100坪大型店、日本ではあまり見かけないスケールだった。

これだ！　ピンとくることは大体合っている。友達の誼《よしみ》で建物のタテヨコ寸法を全部測らせてもらった。こんな時に女神がお膳立てをしてくれる。清水の北矢部の商業地に450坪の物件が見つかった。すぐに出店の準備に入った。まずは測らせてもらった養老店とまったく同じ大きさ、形の建物を作った。

まだ中味よりも建物の大きさ優先の時代だったので、100坪研究会でも商品を練り込む力はなかった。養老店も大きなスペースを埋めるために入口から荒物雑貨、日用雑貨、お菓子など単価が低くてかさばる物の大陳コーナーばかりで、肝心な薬と化粧品は一番奥に小型店と同じレベルで配置されているだけだった。

店の大きさは同じでも我々の北矢部店はここからが違った。発案したのはまたしても妹都子《ともこ》、店のレイアウトを180度変更したのだ。入口入ってすぐのところに化粧品の大型陳列コーナーを取り付けた。そしてそれを囲むように医薬品、化粧品の売場を配置、我々のメイン商品の前面アピールを演出した。そして奥に日用雑貨などの生活必需品を網羅、補完的な商品として主力品との扱いの違いを明確にした。

置いただけでは売り切れない、高額商品を大量に販売するノウハウと実績があるからこそできる芸当だった。華やかさであふれた店内は、まさに美と健康の夢の国〝ウインダーランド〟そのものだった。

正真正銘、社運をかけた北矢部店を失敗するわけにはいかなかった。

私も妹も社員も、総がかりで開店前の戸別訪問に出かけた。店の周辺はもちろん三保半島の奥まで、雨が降ってズブ濡れになりながらも必死で頑張った。見たことのない明るく楽しく大きなお店の登場、オープン前の努力との相乗効果なのか、開店セールは桁外れの大成功を収めた。高木さんも店舗見学に来て誉めてくださった。とにかく次に進める切符を手にすることができた。こうなるといつものように勢いに乗る。続けざまに、さらに大型150坪島田店の出店、ありがたいことに北矢部店以上の成果だった。これ以降は100〜150坪店舗の展開が標準となった。

(10) 首都圏へ展開、静岡・神奈川・東京で日本一を目指す

ここまでの展開を振り返ってみると、節目節目で幸運に恵まれて劇的な展開を味わうことができた。しかし大成功の期間は意外に短くて、あとは勢いで持っていた気がする。本店、千歳橋の時がそれ、北矢部、島田は次の節目だった。ただし、出だしピークの観もあるが、その成功が次への飛躍台になっていたことも事実だ。

100坪ドラッグストアスタイルの展開が始まって、いよいよドメイン以外へも出店することとなった。まずは県内、最大人口の浜松三方原に出店、これも大成功を収めた。それでは、といよいよ日本一を目指す本格的な行動を起こすことにした。

首都圏進出だ。私の構想では東京、神奈川を押さえれば静岡と合わせてそれだけで日本一になれると読んだ。

東京で出店場所を探した。マツモトキヨシ、サンドラッグのような繁華街型とは一線を画して、住宅街でも人口が多いので十分やっていけると目論んだ。いくら東京でも、地味な場所だったら家賃は安いはずだと思った。とにかく高い家賃は避けたかった。この時は経験不足なので高額賃料に恐れをなしていたが、後日ターミナル店舗を出店して高い家賃はそれなりのことはある、と実感した。

日本一を目指して〝とにかく、まず出店〟を合い言葉にして、東京に70～80坪の店を出すこととし、先兵として多摩地域北部にある東大和市に白羽の矢を立てた。狭山茶で著名な狭山丘陵と村山貯水池を擁する人口7万6千人ほどのベッドタウン。

東大和駅の青梅街道沿いには公園や教育、福祉施設などが建設されており自然環境にも恵まれた一帯だった。

しかし残念ながら結果は芳しくなかった。まず原因は、静岡の高田薬局では知名度が低過ぎたことと、土地柄が地味で、消費対象人口も少ない。さらに値の張る商品よりも、比較的廉価な日用品に比重がかかっていた消費者の買い物心理を、読み切れていなかったことであった。

その後も手当たり次第に出店地探し。納得する物件でなくても人口の多い東京なら大丈夫だろうと、見切り発車的に出店を決めたのが読み違いとなり、東京進出を停滞させてしまう要因になってしまった。出足のつまずきが尾を引き杉並、練馬、北、板橋など6カ所に相次いで出店したが、いずれも不調だった。

アクセルを踏んでも車は走らない状況に陥った。

大消費地の東京で70〜80坪前後の店を成功させるのは、それほど難しいとは思っていなかったが、やはり土地柄に合わせた商品構成をしなければ成功しないことを学んだ。

創業直後から時にはアウトサイダー店として勝ち抜くために、安売り戦法を取ったこともあるが、高田薬局のアピールしたい事はあくまでも「美と健康の夢提案」である。他の店にはない特別の商品構成と丁寧な販売方法を最重視してきた。逆にどこでもある日用雑貨の扱い方の比重をどうしても軽めにしてしまう傾向がある。生活必需品の需要の多い、そして高田薬局のことを知らない首都圏では、安さを武器にしたわかりやすい手法で行くべきだったのかもしれない。

その後、豊玉中、八王子みなみ野と合格店舗も出てきたが、都内進出をして日本一に近づく作戦は一旦休憩となった。

ここが自力で飛躍できるか否かの分かれ道だったのかもしれない。

出世スゴロクは前に進めずだったので、地域拡大方針から方向転換して、地元優先の超ドミナント展開に入っていった。

(11) NIDに加盟、ドラッグストアの仲間増える

静岡を起点に東京・神奈川へ進出して日本一を、と狙った首都圏展開で、思うような成果が上がらなかった。態勢立て直しのため、地元静岡での駐車場付き100坪〜150坪店舗の強化に注力していた1991年(平成3年)、1店舗時代からの知り合いだった愛知県西尾市のスギ薬局社長杉浦広一さんの紹介で医薬品小売業ボランタリーチェーン、日本ドラッグ(略称NID)に加盟した。

NIDはドラッグストアや薬局などを営む法人・個人を加盟者として構成する組織で、会員とメーカーとの協業で商品開発や販促企画などを行う。協業相手のメーカーは薬品、化粧品、日用品、食料品など300社以上で、いずれも有力企業であった。

創業以来20年間独自路線を歩み一切群れなかった高田薬局だったが、NIDの参加でさまざまな新たな経験をさせてもらった。

NIDに加盟したのは、最初は豊橋を本拠地にしていたシーズ（現ココカラファイン）の山本健一さんに勧められたからだった。山本さんとはリタイアされた今でも親しく、年1回の人間ドッグにも20年近く一緒に出かける仲だ。当社の入会は注目を集めていたらしく、当時の愛知県の有力者だった方のアドバイスで両者とも動かれていたようで、スギさんと2社での紹介ということになった。

加盟してすぐに神奈川・静岡ブロック所属となり、十数社の同業者と交わった。静岡の方は私を含めて3人、神奈川が大多数の集団だったが、同業他社の方と触れ合うのは初めてだったので、大変興味深かった。神奈川県の平塚で月1回の合同商談会、静岡県の伊東でメーカーの方も参加した夏・冬の懇親会など、催し物を通して新しい仲間の輪が広がっていった。

NIDでは年1回全国どこかの地域でチェーン大会が開かれる。メーカーの経営者も参加される大掛かりなものだが、入会初年度福岡で開催された大会のディスカッションで、パネリストに抜擢された。高田薬局の紹介者スギさんをはじめ、私を含めて将来を期待されたに違いない駆け出しの経営者数人だったが、登壇したパネリストのその後の軌跡をたどると、人生いろいろだなあ、とつくづく思う。

当時NIDの社長は京都清水ドラッグの社長、清水義夫さんだった。大物感の漂う方だがなぜかとても可愛がってくださった。今でも暖かく接してくださるので感謝している。

組織内の花形は何といっても商品開発委員会、委員長は弟の清水稔章《としあき》さんだった。メンバーも精鋭ぞろいで、マツモトキヨシ、セイジョー、ツルハの実務責任者の方が中核を成していた。そこに先ほどのスギさん、富山の藤井均さん、私よりも10才も若い福岡県のドラッグストアモリの森信《まこと》さん、そして私などが加わった。

毎月本社に集まってメーカーからの提案商品の採否を検討する。商品名から始まってパッケージデザイン、原価、売価まで厳しく検討、2、3カ月、下手をすると半年、一年もかかってやっと製品化にこぎ着ける場合もある。

開発のプロセス、そしてメーカーとの人間関係など多岐にわたって勉強になった。委員長の清水稔章さんは思慮深く、業界の仕組みにも精通した方で、さらにメーカーのキーパーソンと深い人間関係を結んでいた。清水さんに指導を受けたことが、この後幅広い活動をしていく上で大きな財産となった。

清水稔章さんとも非常に親しい関係を保っている。

マツキヨ社長のバックアップで大企業のノウハウ学ぶ

私にとって居心地の良いＮＩＤだったが、ある時考えられない事件が起こった。不思議なご縁で、ユタカファーマシーが属している郊外型大型ドラッグストア研究会のメンバーも大方ＮＩＤに加盟していた。その方たちも入会してからの歴史は浅かったが、勢いのあるグループとして徐々に影響力を増して、突然清水執行部に反旗を翻したのだ。

私の認識では、ボランタリーチェーンは加盟者の権利が平等、みんなで利用する組織のはずだったので、何のためにこんなことにエネルギーを使うのかと、この権力闘争には違和感を覚えた。

しかし彼らの標的は清水体制の転覆、私も否応なしに渦中の人となった。準備万端で行動を始めた彼らと、不意を食らった我々とでは勝負の行方は明らかになりかけた。敗色濃厚な我々は最後の手段として、私と今は廃業してしまった三重県のドラッグストアの社長がマツモトキヨシの松本南海雄社長（現会長）に突撃訪問して協力をお願いすることとなった。マツモトキヨシは当時日の出の勢いの日本一のドラッグストア。NIDにおける影響力も絶大なものがあった。

この行動は想像以上の大成功で、南海雄社長は我々に軍配を上げてくださった。その時が社長との初めての出会いだった。その結果形勢は大逆転、郊外型ドラッグストアの主力メンバーの方々はNIDを脱退した。長い間親しくしていただいた、ユタカファーマシーの高木さんも、シーズの山本さんも去っていった。

台風一過ではあったが、我々の方にも清水義夫社長、清水稔章委員長退任の爪痕を残した。途半《みち》ばの無念さはあっただろうが、清水稔章さんは後任の委員長に私を推してくださった。

清水さんからは厳しい激励の言葉が飛んできた。「必ず一流メーカーのPB品（プライベートブランド品）を作れ、それが君の業績だ」。それまで清水チームの一員としてのんびり参加していた私にとっての試練だった。

相談しやすい一流メーカーを探した。テスト販売にも協力した縁で折々に仲良くしていただいたロート製薬に、白羽の矢を立てた。ロートは目薬と胃腸薬をメインにした有力メーカー、テレビコマーシャル中心に商品の売り込みを企てるNB品（ナショナルブランド品）

至上主義だった。予想通り我々のPB品開発の要望に対して拒絶の障壁は高かったが、何度も交渉を重ねるうちに担当者の方が理解を示してくださって、遂に商品開発の許可が降りた。

いやあこれで使命を果たした、とホッとするとともに、何事も否定的に決めつけてはいけないなあ、とつくづく思った。熱意を持って事に当たると動いているうちに道は開ける可能性がある、とにかく動け、行動することだ、今回もそれでうまくいったんだ、と自分に言い聞かせた。

ここからさらに勉強になることが起こった。

まずはどの分野の商品を開発しようか、と検討を重ね、ロート製薬が既に商品開発済で名前の許可も取ってあった、総合感冒薬「ユアCS」に決定した。

ロート製薬はテレビコマーシャル中心で商品アピールをするので、我々小売業のマージンが少ないことで有名だった。「ユアCS」の原価提案を受けた時に、NB胃腸薬よりは高い利益率だったのでOKを出そうとした途端、マツモトキヨシの業務責任者の吉田さんから、「風邪薬は我々の主食にあたる商品なのだから原価はしっかり押さえなければいけない」と指導が入った。吉田さんの原価交渉は見事なもので、その手法は私の財産になった。

意欲的な冒険もした。アメリカのメーカーと直接交渉して、日本に存在していないPBを開発しようと考えた。レブロンフレックスの成功例を思い出したのだ。

見通しの立つことではなかったので、メーカー訪問の渡米費用は自腹と決めた。事情を話すと藤井均さんと森信さんが快く付き合ってくれた。3泊5日、1人50万円の旅だったが、行動を共にしてくれた2人の友情には厚く感謝している。その後3人は一致団結、NIDのリーダーとしての道を歩み続けた。

商品開発委員長を務めた後は組織本部長、そして社長へと階段を昇り始めたが、すべて松本南海雄さんのバックアップがあってのものだった。お陰で10年ほどNIDを指揮する役割を担わせていただいたが、大組織を運営した経験は次の展開で大いに役に立った。

(12) 勝ち上がるために、勇気を持って300坪店へリロケーション

日本一を目指しての拡大戦略であった首都圏進出が停滞している中で、もう一つの方向

性である、地域密着の徹底、に重点を移した。

高田薬局が地域の方へ果たす役割は社是に謳《うた》っているように、まずは地域の方が安心して暮らしていけるお手伝いをする。暮らしが安定していることを前提に、人間誰でもが持っている願望、いつまでも美しく元気でいる、そしてもっと美しくもっと元気になる、それにチャレンジする提案をして、さらに実現に向けてサポートをしていく。

この本来の役割を果たす体制をしっかりと作っていこうと考えた。まずは地域の方が、高田薬局とパートナーシップを結ぶことで安心いただけるような信頼感を高めることが大切、そのためには地元にできるだけ多くの店を出そうと方針を決めた。

店の大きさは100~150坪。以前は大型店舗だったが、時を経た今ではお手軽な標準タイプになっていた。地域に密度の濃い店舗網を形成すると当然カニバリを起こし、1店舗ずつの売上はほどほどになるが、100坪だったらそれでも十分に採算のとれる大きさだった。

次に地域での知名度を上げるために高田薬局の看板、妹の都子《ともこ》をマスコミに露出させる方法を考えた。

幸いなことに静岡朝日テレビから声が掛かり、既に10年以上出演させていただいている。

ＳＢＳラジオでも長い年月タイトル付きの番組が放送されており、〝高田とも子〟の知名度も、ウインダーランドの知名度も大いに高まっている。まさに継続は力なりだ。

地域のお客様と私たちを結び付けるウインダーカードもかなり流通し、顧客管理の仕組みも完璧、地元では順調な運営が行われていた。

そんな矢先、やはり再び〝好事魔多し〟となった。

突然の黒船来襲の情報、神奈川県の有力ドラッグストアクリエイトが、我が静岡に進出してくるというものだった。クリエイトは３００坪が標準型。夢売り屋の高田薬局とは異なり（ほとんどのドラッグストアが高田薬局とは異なっているのだが）、医薬品・化粧品よりも生活必需品食品の取り扱いに優れ、安さのアピールも強く、集客する能力のある、当時最強のドラッグストアと評されていた。

当社はお手軽な１００坪タイプ、相手はフル装備の３００坪、これでは勝負にならない、このままだったら壊滅的な打撃を受ける、と危機感は募った。

静岡駅の南口から海に向かってまっすぐ延びている道が石田街道、この中ほどに１００坪のウインダーランド登呂店がある。同じ道沿いの海側に1号店、挟み撃ちするように駅寄りに2号店を、続けざまに開く予定だという。恐怖におびえた。

「こりゃつぶされる」。いかにして迎え撃つか、とにかく行動しろが私の信条、坐《ざ》して死を待つわけにはいかない。すぐできる事とできない事を整理して、まずは大きさを合わせることにした。ここでも幸運があった。

登呂店は倉庫を改造した店舗だったので、店の奥に200坪の余剰スペースがあったのだ。即座に300坪へ店舗を拡大した。しかしこの大きさの運営ノウハウはなかった。まずは得意ではなかったが、見よう見真似で食品と荒物雑貨売場を広げたり、新たに構築したりした。残りは100坪店舗の商品を間延びさせて売場を広げた。

ただし得意の化粧品・薬の売場は、主力提案商品大陳列など、今まで以上にダイナミックの展開を心掛けた。我々のコア・コンピタンス（核になる優位性）である美と健康の夢を売る機能だけは、さらにパワーアップした。ここが我々の生命線だった。

安さにも対抗、クリエイトが安さを仕掛けてくる各カテゴリーのNO・1ブランド品は、一点集中で負けない安さの演出をした。相手は高田薬局の弱点100坪店舗を狙い撃つ作戦、大量出店して100坪店舗のドミノ倒しを目論んで仕掛けてきたのだから、出だしの勝負が重要だった。

ここで弱点を見せると一気に攻め込まれてしまう。自信はなかったが社員の頑張りもあって、思いの外被害を受けなかった。内容は少しぐらい見劣りしても、同じ土俵にさえ立てば地元の強味は発揮できることが確認できたと思っている。

相手の思惑が読めたことと、現状での対応策がはっきりしたので、いくら儲かっている100坪店舗であろうとも、近くに300坪を出す余地があったら迷わずリロケーションしろ、と号令を出した。

地元静岡も全国レベルの競合状態になった以上、一刻の猶予も許されなかった。目先の業績が悪くなるのは覚悟の上で、勇気を持って300坪化に取り組んだ。社員も懸命に付いてきてくれたが、経営者らしい決断だったと心の中で秘かに自賛している。

しかしこの後も他社の攻撃は続いた。柳町の大型物件も、すぐそばに高田薬局の100坪ドル箱若松町店があるという理由でハックに決まりかけていたが、地元の利で、大家のビデオ屋さんが当社を選んでくれた。若松町店はすぐ転貸し柳町にリロケーション、現在大繁盛店になっている。

松富店もクリエイトに決まっていたが、やはり地元ということで地主さんが無理な願いを聞いてくださった。本当にありがたかった。

ただし地元だけでは通用しない苦い経験もした。

瀬名地区で浜松の杏林堂と競合したケースだが、地権者は地元だがドライな判断をする上場企業だったので、信頼を勝ち取ることができなかった。高田薬局が上場企業だったら選んでもらえたのになあ、と株式公開を目指す気持ちは強まっていった。

ともあれ、黒船の襲来が高田薬局の進化を促してくれたので、クリエイトには感謝している。

(13) 時代は逆さま、180度の大転換で、新しく生まれる大市場にチャレンジ

右肩上がりから右肩下がりへ、1989年の12月を境に時代のベクトルは今までとは逆方向に動き出した。

それは景気云々《うんぬん》の一時的な事象ではなくて人口動態に関わる構造的なもの。超高齢社会が到来してそのスピードを増すに従って、その角度もどんどん急になってきた。たぶん近

い将来180度逆を示すようになる。つまり時代は逆さまだ。

そうなると過去の基準、成功体験などは通用しない。なにしろ逆なのだから。

高田薬局はいつも他のドラッグストアとは異なる方向性を持っていた。ほとんどの企業は現実重視、化粧品・医薬品も含めて今必要とするもの、今問題解決できるものを売っている。その網羅性の緻密さで、他店との格差をつけようと競い合っている。

しかしそれを評価する前提が変化している。基本的には何もいらないので、緻密度の差が大きくても小さくてもどちらでも良いのだ。

ウインダーランドも地域に必要とされる店であるために、現実の生活必需品もしっかりと取り扱っているが、見据える先はそこだけではない。不老不死へのあこがれを乗せた、永遠の美と健康の夢を売っている。これが主力事業だ。

そのために、一般のドラッグストアでは考えにくい手のかかるさまざまな仕組みを、構築してきた。先を見据えて展開している夢提案品、この選択基準も相当厳しくしている。

若く健康でいられるために欠かせない商品か、他の追随を許さない画期的なものか、しっかりしたエビデンスがあるか、さらに販売ルートは限定されているかなど多項目にわたる。

これをクリアした商品が美と健康の夢提案品として、店員とお客様との一対一の対面販売の手法によって店頭アピールをされていく。夢提案品を使うことで、お客様の人生がどれだけ希望に満ちた前向きなものになっていくのか、をお伝えする。

まさにレブロンフレックスの精神がそこには宿っている。

当時はこんな時代が訪れるとは考えもしなかったが、逆さまの時代にピッタリとはまっている。安くてセルフでたくさん売る、そんな今まで主流だった合理的な販売方法の逆さまのやり方だからだ。

過去には非効率だった手法が、今望まれているのだ。それをフォローする顧客管理も完璧に近い。これを武器に誰でもが憧れる、さらに高齢者になれば切実な要望になってくるこの新市場に、だんだん顕在化されつつあるこの膨大なスケールの夢市場に、我々高田薬局は一番近いところにいる。私たちはもう一歩進んで、メーカーの提案品の中から選ぶだけではなく、夢提案にふさわしい商品の自社開発にも成功した。

静岡市内のベンチャー企業と共同で、〝錆《さ》びない成分〟デ・オキシドライトを開発した。釘は水道水に入れるとすぐに錆びてしまうが、デ・オキシドライトを溶かした水道水ではまったく錆びない。酸化を防ぐ酸化還元電位の数値が大幅に低下するのだ。しかも熱を加えても、長時間放置しても、数値の下がった状態は変わらない。

成分は口に入れても大丈夫な貝殻、その貝殻からデ・オキシドライトを抽出する技術開発に成功した。すぐに特許も取得した。

この驚異の錆びない成分デ・オキシドライトをベースにして、各種のサプリメントを開発した。お茶の有効成分を生かした花粉用、高濃度乳酸菌と発酵キャベツを組み合わせたおなかの健康、ウコンを大量に入れたお酒対策品などはいずれも大ヒット商品になった。

どれも我々の業界ではほとんど見かけない自社開発特別企画品、正真正銘のＳＰＡ商品なのだ。高付加価値品なので当然利益率も高い。高田薬局がドラッグストア業界でもトップの高粗利益率を誇ってきたのも、他の企業では考えられないであろう先を見据えた独得の価値基準で運営し続けた成果、だと思っている。

逆さまの時代が、異質の高田薬局にどんどん近づいてきている。スタート時点からずっと先行している強味を武器に、この底無しに大きな市場にチャレンジして日本一の成果をゲットしたい。

（14）共同持株会社設立で上場企業の一員に

マツキヨと合同する機会は2度
独自性を巡る思惑の違いから流産

ＮＩＤに加盟してから早いもので、20年以上の月日が経ってしまった。その間に、一緒に行動していたセイジョー、そしてイオングループに入ったツルハ、スギ、寺島などの有力企業が次々と脱会され、実質的にはマツモトキヨシ中心の運営になっていった。

組織の中核メンバーは松本南海雄一家状態になり、良し悪しは別として、まとまりと勢いのあるＮＩＤとして脚光を浴びる業界の花形となった。南海雄会長のお陰で世界中の有名なゴルフ場、観光地を訪れることができたのもこの頃だった。楽しくて貴重な思い出だ。

私自身、南海雄会長とは個人的にも親しくしていただき、超晩婚だった私の結婚式の仲人も務めてくださった。今でも大変感謝している。

マツモトキヨシとは一緒になるチャンスが2度あった。1度目は私がＮＩＤの社長時代、野村総研と共同でＮＩＤの共通化モデルを構築した。統一プラットホームに加盟社が並び、それに合わせて各種のシステムを整備する、というものだった。構想自体画期的なもので、各社にとって相当な武器になった。これは新しい時代を創るチャンスだと認識して、加盟社が共有しているプラットホームごと株式上場を目指しましょうと、会長に提案した。

しかし、ＮＩＤはあくまでもボランタリーチェーンで一体化する性質のものではない、と慎重な姿勢を崩されなかった。今考えても非常に惜しかったと思う。

もう1回は高田薬局が単独での株式公開を目指していた時。当時、ＮＩＤの中枢にいた仲間が各々マツモトキヨシと業務提携を結び、一体化に向けての活動を始めていた。高田薬局も何の迷いもなく参加をした。毎月マツモトキヨシ本社に集まり、商品・物流等が共通化されていった。そうした中で規模的にはもう一息だったが、当社も株式公開の準備を着々と進め、会社はかなり整備されたものになっていった。いよいよ公開へのステップを踏む時が近づいてきた。

まずはお礼の意味も含めて南海雄会長に、当社の株を5％ほど保有していただきたい、とお願いに行った。答えはそれでは意味がないのでもっと出せ、というものだった。独立性を損なわれたくなかったのと、相手もあまり魅力を感じなかったためなのか、この件はなんとなく先送りとなってしまった。

これが運命の別れ道だったわけだが、松本さんとは残念ながら縁がなかったとしか言いようがない。

最初はＮＩＤでの勢いそのままに団結力の高いグループ活動だったが、マツモトスタイルでの一本化を求める胴元と独自性を残そうとする各社の思惑の違いが序々に表面化、ドラッグストアモリ、ドラッグフジイ、清水ドラッグなどが次々に活動を停止していった。最後まで残った数少ない友人のサッポロドラッグストアの富山さんと、グループミーティングの帰り道一杯やりながら、組織のこれからを案じ合ったものだ。

高田薬局の運命を決めた瞬時の判断
〝君が社長に〟の提案を〝私の出番だ〟と快諾

ドラッグストアはここ数年で、かなりダイナミックな合従連衡《がっしょうれんこう》が行われると推測している。マツキヨグループはそのはしりだったが時期尚早だったのかもしれない。今後成功するためには、どこまで統一するのか、どれだけ独立性を生かすのか、これからの時代が必要とする基準とここまでの軌跡とを組み合わせながら、一面的ではない方向性を創り出すことが望まれる。

高田薬局にとって難しい局面だった。単独での公開で日本一を目指せるのか、マツキヨ傘下になって独立性を失っていくのか、次に向かっての道筋を探しあぐねていた。

そんな時だった。知人を通してウエルシア関東の鈴木社長が面会を申し込んできた。NIDの活動を通してほとんどのドラッグストアの経営者とは知り合いになっていたが、数少ないお目にかかったことのない方だった。

何の用だろうと不思議に思い、鈴木さんと面識のあるNIDの友達に聞いてみた。「高田さん、それは一緒になろうと誘いに来るんですよ。そして副社長になってくれと言ってきます。彼の殺し文句なんです。気をつけてくださいよ」というものだった。

高田薬局は所属チームがはっきりしていたので意味のないことだなあ、と思いつつも知人の顔を立てて、それと何を言ってくるだろうと少々興味があったので、お目にかかることにした。しばらくしてその知人から電話があった。「一緒に食事をしよう」とのお誘いだった。

初対面の人と食事はしない、と断りを入れたが執拗《しつよう》だった。「僕も参加するので、ぜひ食事をしてください」。とまで言われて断り切れなかった。しかし深みにはまってはいけないので、お会いした冒頭にはっきりと申し上げた。「当社は売り物ではありません」。

食事は何事もなく進んでいったが、酒が入るうちに、もう一度念を押さなければと思い、「副社長にはなりません、社長なら考えてもいいけど」とダメを押した。相手が社長なのだから、酒の席での最大級の拒絶表現をしたつもりだったが、「それなら君が社長になれよ」。驚くべき答えが返ってきた。さらに「僕は日本一になりたいんだ」の一言が出た。

この仕事を始めた時の志に可能性の道がどんどんと取り付いた瞬間だった。見えた以上はすぐ動く。早合点も多いが、私の信条としているところだ。今こそ私の出番、ここで逡巡《しゅんじゅん》していては経営者失格だと思い、即座に「一緒にやりましょう」と快諾した。

あの時鈴木会長がなぜ私に会いに来たのか、理由は今だに分からない。高田薬局がマツキヨグループだということを鈴木会長は百も承知のはず、普通では考えられないことだった。

翌日緊急兄弟会議を招集した。妹、弟は大変驚き、そして私の独断に怒った。当然のことだった。さらに妹は松本会長との関係に心を痛め異を唱えたが、じっくり話し合って、兄弟3人の日本一を目指す志にブレがないことを確認、なんとか了承を得た。

仕事か人間関係かの選択、難しいところだ。仕事つながりの人間関係か、人間関係から始まったことなのか、親子、兄弟、夫婦と、人間関係の濃さはどう影響するのか。それぞれの人生観に関わる問題だが、私はこの時は仕事を優先させた。

翌年（2008年）4月、マツモトキヨシとの業務提携を解消した。

紙切れのような株が有価証券に
信じてくれた社員の期待に報いたと確信

共同持株会社設立の構想はトントン拍子に進み、会社の規模はウエルシア関東4、高田薬局1の比率だったが、合併比率は1対0・6と厚遇され、社名は双方で社内公募した名前を合わせたグローウエルHDとして上場企業の仲間入りを果たした。高田薬局はHD傘下の事業会社として信用が増した分、勢いがついた形で他社と一線を画したユニークな経営を継続することができた。

高田薬局が店舗展開を始めたころ、創成期からの社員たちと将来の経済的な夢を無邪気に語り合ったことがある。株式上場を果たし、優良企業になって株価5000円を目指す、そうなったら海の見える丘の上に白い家を建てて豊かに暮らそう、こんな夢だった。冗談ではなく、それ以来その時の準備をずっとしていた。これも高田薬局の大きな特徴だった。社員持株会を早くから始めて、会社を信じた者は将来報われる仕組みになっていた。

当然のように創成期のメンバー中心に高田薬局の株大量保有者は多い。我々オーナー側も利益を独り占めするのではなく、社員と一緒に頂上で万歳をしたいと考えていたので、株を社員向けにできる限り放出した。

信じた者は救われた。未公開企業が突然上場会社の一員になり、紙切れのような株が有価証券に変わった。現在株価は5000円を大幅に超え（株式分割を行っているので、元の株価に訂正しての数値です）、白い家を買える人が続出した。経営者としての責任を果たせて安堵している。社員の皆さん、一緒にやってきて良かったね。

こうなると当然社員の志気も高く、ノルマの営業利益も着実にクリアして事業会社としての責任も果たした。私もＨＤの社長として、鈴木会長とのコンビで足掛け6年を過ごすことができた。ありがたいことに業績は右肩上がりに拡大、株価もスタート時こそ低迷したものの、その後上昇に転じ、東証1部上場も果たし、順風満帆な歩みを遂げた。その意味でも、社内外で大きな話題を呼んだマツキヨとの業務提携解消、ウエルシア関東との共同持株会社設立の決断は、高田薬局にとっても、私にとっても、それで良かったと確信している。

(15) 時代が求める新たな方向へギアチェンジ

イオン傘下で売上日本一を達成
第2幕〝会社経営から地域活動へ〟の好機と判断

日本一の売上規模を目指して発足したグローウエルホールディングスは、これからの時代を勝ち上がる理想的な企業集団として、順調な成長を遂げてきた。

高田薬局ウインダーランドもその一員として、独自性を保ちながら地域に根付いた活動を続け、着実な成果を挙げることができた。

そしてさらなる飛躍を目指してグローウエルは、3年前にウエルシアホールディングスと社名を変更。同時に東証1部に昇格し、私もホールディングスの社長として6年間にわたって活躍の場を得てきた。

このように、一致団結希望にあふれた組織だったが、昨年、共に歩んできた鈴木会長が長い闘病の末に逝去され、会社の構造が大きく変わってきた。CFSをはじめイオングループのドラッグストア3社と近々経営統合、その時点で売上日本一達成となる。会社がイオン傘下になり目標にも到達したことで、私にとっても高田薬局社長の妹にとっても、第一幕を終了させる好機が到来したと思っている。

団塊の世代の代表と勝手に位置付けている私のアンテナは、ワクワクするほど時代の変化が大きく起こる波動をキャッチし始めている。変化は兆しの段階では気付きにくく、そしてある時劇的に表われてくる。足元が変わり始めていても全体は今まで通りにしか見えないので、過去になりつつある時代が依然是認されているのか、と思いがちだ。今までの時代が長く続いていれば、その分だけ変化は認識されにくく、今までの成功手法にますます拘泥するので、疑問を持ち始めた時には既に遅く、方向転換できなくなっている。ディズニーのアニメ風に表現すると、勢いに乗って進んでいった先はガケを飛び越えた空間だ、と分かった瞬間、現状変化に気付く。その後はお決まりの一直線落下となる。

石油パニック、バブル崩壊など過去に何回も繰り返された、力学的なそして人間の悲しい性《さが》のような現象だが、ほとんどが山高ければ谷深し、長い目で見れば行き過ぎ是正の範囲だった。落下はどこで止まるのか、そのはい上がるタイミングを計れば良かったのだが、今回は違う。

人類未体験の超高齢社会に挑む ポイントは世の中にないものをクリエイトする発想力

時代の根幹が揺らいでいる。〝人類未体験〟の超高齢社会の到来、さらに少子化のおまけ付きだ。元の基準に戻る可能性は低い。まさに時代が変わったのだ。180度変わった認識を持つべき、と自分の心にも強く言い聞かせている。しかし、過去生きてきたしがらみは、なかなか取り除けないものだ。もう66年分も貯まっている。

太古から振り返っても、根こそぎ変化の時には、それまで隆盛を誇っていたものから消えていく。そして新しい芽が一気に伸びていく。このチャンスのまっ只中にいる幸運、しかし過去の垢《あか》にまみれた人間としての宿命。人生を実りあるものにすべく前向きに生きていくにはどうするのが良いのか、今までの生き方の目標達成が見えた私にとって、大きなターニングポイントがやってきた。

今までと逆の発想がどこまでできるのか、超高齢社会の中核団塊の世代の一員としての自らの立場をどのように生かせるのか、この二つを課題に、時代が求める新たな方向を見据えていきたい。

経済活動として見捉えた場合、メディア等を生かしてマスにアピールするのが効率的だ、と認識されていたが、これからは逆。一人一人に対してどれだけの対応を取れるのか、が問われてくる。

一番面倒なことを経済的合理性の枠組みに取り込まなければならない。知恵を出し合って仕組みを創造する、世の中にないものをクリエイトする発想が大切になってくる。経済行為で収益を挙げるのも短絡的に儲かる行動に走ってはダメ、まずは地域への貢献活動から始める。そして信頼を得て、それがひいてはいつの日か収益にもつながる、そんな姿勢が求められると思う。

自分の都合ではなく、本当の意味でどれだけ相手の立場になれるか、一筋縄ではいかない時代が始まっている。時代が求める本物って何だろう、例えば過去への回帰現象も脚光を浴びているが、それは過去そのものではない。現代において必要とされる過去、いわゆるスパイラル、時差はなくても緯度が違う。

ベビーブーマー代表として自分に翻って考えてみる。これから何をしたいのか、どうなりたいのか、何を望んでいるのか。起業してから40年、私自身を時代を感じるアンテナとして機能させてここまできたが、今こそ人生を懸けてフル稼働させる時が来た。

不安定な時代の中で社会からリタイアし始めた我々団塊の世代だが、これまでの貯え、支給される年金等をベースにしながら、安心して暮らしていけることがまずは一番大切だと考えている。安心して暮らしていくってどんなことなのか、その立場になって分かりやすく、具体的な行動をしていきたい。

地域ぐるみ、官民一体で未踏の時代を生き抜きたい

次に人生の生きがいが大切。社会との接触、家族との触れ合いのできる場を作っていく必要がある。コンビニエンスストアの進化、商店街の活性化、さらには徳川家康の隠居の地として江戸に匹敵するスケールを誇った、〝駿府〟の街を蘇えらせる、こんな場を官民協力し合って創ることができれば、夢と希望にあふれた新時代の到来となる。

そして将来の望みは健康で長生きすること。不老不死へチャレンジする心意気が持てるような精神状態を保てれば、長生き間違いなし。それができるような環境整備が大切となる。

静岡県は2014年8月から介護を受けたり病気で寝たきりになったりせず、健康な日常生活を送る県民を増やす狙いで、65才をスタートとする〝お達者度〟と名付けた指標を公表している。それに合わせて有識者による「健康寿命延伸のためのアドバイザー会議」を発足させ、高齢者が介護に頼らない〝お達者度〟を高める取り組みを全県ぐるみで行い、官民一体化した静岡方式として全国的に注目されている。

当社からも高田都子《ともこ》がアドバイザー会議の委員として出席しているが、人間としての究極の望みであり、それを意識し実際に向上させることでさまざまな負担の軽減化にもつな

がる、人類に貢献する幸せの一石二鳥。これこそ、行政も民間も一致団結して取り組める理想的な課題だと思う。高齢者の仲間入りをしてしまった私にとっても最大の関心事、地域に貢献する一躍を担っていきたい。

そしてこの健康長寿こそが、既存品不要の時代の中で大きく広がる新しい市場となる。経済活動としてはここにビジネスチャンスを見つけたい。しかし、長寿になることイコールお達者度アップだけでは済まないわけで、病気・介護に対する負担はますます重くなってくる。国の負担で成り立っている分野だが、既にカバーしきれなく、年々国民へとその負荷が移されつつある。

人類未体験の時代がどんどん勢いを増してこんな不安感が募る時代の中で、必要なのは地域でまとまること。地域ぐるみ、官も民も一緒になって豊かな地域を創ること、そしてそれを生かして住民が安心して暮らせる体制を作ること、が求められている。

未踏の時代を生きていく我々にとって何が一番大切なのか、それを実現するために何をしなければならないのか、だけを考えて、今までの常識しがらみに捉われない思い切った行動をする必要がある。くどいが、そんな未体験時代なのだ。

母からの教え、〝隔靴騒痒《かっかそうよう》〟を実践する時がきた。

2章　私の経営手法〝15のツボ〟

はじめに――〝15のツボ〟の背景

高田薬局とともに歩んできた自分自身の原点は常識に捉われない〝発想〟だったと思っている。

それは、誇大妄想と紙一重かもしれない。例えそうであったとしても、新しい価値基準で行動する可能性の大きさには計り知れないものがある、と見通しを立てていた。

だからこそ、業界のしきたりも、ビジネスモデルも知らず、人脈も全くなかったドラッグストア業界で〝ずぶの素人〟が生き抜けることができたのだと自分で納得している。

私の経営手法を表現すれば、師伝によらず自分で勝手に定めた流儀・自己流の〝15のツボ〟を駆使した「転機を逃さず、成功するまでどんどん動け」の初志貫徹型だと思う。

(1) 途方もない大きな目標を立てる

手前みそながら、IQが高く、父母の期待を一身に集めながら、小中学校時代の成績はムラが多く安定しない。さりとて、運動にも格別優れたものもなく、級友たちの私への評価はあまり高いものではなかった。

大きな期待に支えられて育まれてきた自分の能力に対する自信と現実のギャップ、中学から東京の最先端の学校に入学した戸惑いや憧れ、などで熟成されたハングリーなまでの上昇志向を内に秘め、さらに東大に合格さえすれば何をやっても良いとする、独特な家庭環境の基準をベースにしていたので、ホームラン以外を狙わない生き方は当然のことだった。
と言っても、学生時代は東大受験で挫折した以外、実に無邪気な行動を取っていた。が、いよいよ社会に出るとなると話は違った。ここからは人生の本番、ホームランを打つ道筋が見えないで世の中にデビューするわけにはいかなかった。そんな時、中内さんの本に出会ったのはラッキーの一言に尽きる。

一歩一歩積み重ね、ある時から百歩千歩

大社長になって、お金をたくさん儲けて、良い暮らしをする。中学から無理やり東京に連れて行かれたので静岡に居を構えて東京で仕事をする。そして目指すは日本一。そんな通俗的、妄想的な目標を持って世間知らずなまま大学を後にした。

これが私の途方もない生き方。それから40年。山も谷も、何だか分からないこともあったけれど、目指す方向性をぶらしたことはない。社会的、通念的なことをあまり意識することもなく、少しの成功で良しとすることもなく、志を高く持って目標だけを見据えてきた。一歩一歩を積み重ねることは必要。しかし、ある時からは百歩千歩に、さらにその上

に勝ち上るために他の人とは異なる発想、手法をどれだけ行動に移すことができるのか。途方もない目標を持ち続ければ、そこに近づくためのアクセルはいつでも踏めるはず。そんな意識を持って生きてくることができたことを両親に感謝している。

(2) チャンスが来るまであまり消耗しない

野球の専門家によると、ホームランを打つにはタメが必要という。タメとはチャンスがやって来るまで焦ったり無理をせずに辛抱強く待つ間合いを意味する、というのが私の解釈だ。徳川家康公を表す句とされる〝鳴かぬなら鳴くまで待とう時鳥〟の、あの絶妙のタイミングの取り方である。

早大の5年間が私のタメ期間であった。学問に熱心でなかった上に、早大闘争と呼ばれた学園紛争のあおりで3・4学年と続けて学校封鎖され、結局は5年在籍した。憧れた総理大臣への道筋も見えず、これからどうしようかと思案していた時期である。

それが格言にある、予期しないことが思いがけなく転がり込んできた幸運を指す「物怪《もっけ》の幸い」そのものとなった。早大の5年間は浪費ではなかったのだ。チャンスが来るまで焦らず心身ともに消耗しなかったことがエネルギー源となり、その後、私は「日本一の薬局」に立ち向かうこととなった。

人生、ゲタを履くまで何が起きるか分からない。消耗戦に巻き込まれるな

考え方は人それぞれなので強制できないが、私の場合は、学生時代は学問の価値が、社会に巣立つに際しては社会の仕組みや経済活動の価値が分かっていなかった分、結果として時を待つことができたのかもしれない。

最初の消耗戦回避は大学進学競争だった。東大志向の父は東大進学を強く薦めた。1年浪人した後、2年目の受験先は東大だけではなく、父に内緒で、滑り止めに早大政経学部だけを受験した。20歳過ぎても東大一本で行く人生を回避したかったからだ。

これが私の将来を決めるタメ期間となったわけだが、何年か浪人して学問に目覚め、仮に東大に進学していたら、どうなっていただろうか。東大ブランドに似合う官庁なり、大

企業に就職していたのかもしれない。大志をイメージするまでには至らなかったかもしれない。

早大で時間を浪費している中で、流通王の書物のPR用見出しの「日本一」に魅せられて飛び込んだ薬局の世界。ここでも業界の仕組み、しきたりを含めて何も知らなかったので、店を開いてから法人化するまでの10年間、時代の最先端を行く商品を選択して独自の「美と健康の夢提案」の基準でお客様に接客販売する方法を磨き続けた。

この時期、焦って、安売り競争に参入していたら、高田薬局のその後はどうなっていただろうか。開店直後、いつ来るかも分からないお客様を待つ間、店の奥で友達とおしゃべりしていた無駄な時間、1日の売り上げ3000円から始まって200万円を超えるほどに幹が太くなるまではやる気持ちを抑えて1店舗運営を続けた時期。これらが〝じっと我慢〟の期間だった。

チマチマ稼いでも仕方ない、どうせ稼ぐなら、でっかく。逆境を苦しい時と捉えるのではなく、勝負手を打つ間と見なす。好機到来までエネルギーは蓄えておいた方が良い。命運が決するのはゲタを履いた時である。

（3）チャンスにアクセル全開

学生時代、東大志向の父の意に反して勘当扱いになり、勉学そっちのけで学費・生活費稼ぎのアルバイトに明け暮れ、マージャン、競馬に熱中した。学生にあるまじき日々となったが、卒業までの5年間で勝負理論を組み立てた。ピンチはチャンス。逆もまた真なりで、チャンスもピンチも背中合わせだから決断したら動け、駄目でもそのうちにチャンスがくる。

そこから学んだことが、転機を逃さない行動ができるかどうか。行けると瞬時に判断したら、アクセル全開、一気に突っ走れ。かってナポレオンが自分の辞書に「不可能」の文字はないと豪語したとか。私の辞書には「ブレーキ」がない。危なっかしく、不謹慎な考え方かもしれないが、そのくらいの見通しが効かなければ大きな成功はおぼつかない。

チャンスを逃さず、行けると判断したらアクセルを踏み込む

ナイナイ尽くしの素人が一番になるには人と同じことをやってはダメ。大きな可能性の広がる道を見つけるアンテナを高め、見通しが立ったら一気にモノにする行動力が必要と考えていた（実は今も考えている）。

最初の大きな、そして画期的なチャンスは、アメリカ生まれのレブロンフレックスシャンプー・コンディショナーの登場。当時、日本の常識ではエメロンも花王フェザーもシャンプー・リンスは100円の時代。舶来のスーパースターはなんと同じ容量で1本1000円。途方もない商品だった。新進気鋭で東京っ子のチヨカジ岡部社長（後で分かったことだが、私と妹の中学校の先輩だった）の意欲的導入品。しかし、既存の小売店では扱い切れず、どこの店でも棚の上段に1、2本置くだけの飾り品だった。

社会常識がなく、小売屋でありながら経済観念もない私は、商品そのものだけを見て、これはすごいと感激した。理由は憧れのアメリカ製のおしゃれな商品、見たこともないパッケージとその品質の素晴らしさだった。無知ならではの強味、商品に惚れた我々はその超高級品をレジ前に山と積み上げげた。妹が商品の横に立ってすべての女性客に話し掛けた。

手に取ってもらい、キャップを取って素晴らしい香りを実感してもらい、使用後の美しく変身した髪の夢を語った。

お客様の共感を呼び、爆発的に売れた。予想外の出来事に、レブロン、チヨカジの応援も半端ではなく、特に静岡一の化粧品雑貨問屋チヨカジとはこれがきっかけで強い絆で結ばれるようになった。この成功事例を大きなチャンスと捉え、大手メーカーの画期的な、次の時代を担う、しかし既存店では扱いにくい大型製品を優先順位一番で手掛け、実績を挙げていった。行動を共にした大正製薬、花王、明治、ロート製薬、小林製薬には今でも仲良くしていただいている。

人にはリスクに見えるものでも、方向性が〇Kなら可能性を見つけ出して行動していく。〝行ける〟が見えたら一気にアクセルを踏む。この見抜く力と成功に導く実行力が大きな差になってくる。

（4）時代の変化を察知するアンテナを張る

1947年～1949年生まれの3世代を一まとめにした巨大な人口の塊を、団塊の世代と呼んでいるのは周知の通りだ。私が生まれたのは、その中間年の1948年で、他世代に比べると突出して人口が多い。加えて、高度経済成長以降の消費動向を実体験してきた世代でもあるので、私は自分自身を時代の変化を察知するアンテナに位置付けて、世の中の動きをウオッチングしてきた。

自分の年齢の推移と、時代の変化を重ねることのできる、団塊世代ならではのアンテナを通して、はっきり目にしたことがある。私の分身であるアンテナで直接つかんだ実感と、市場経済の実体とのギャップが大き過ぎるのである。時代が180度変化し始めているのに過去の基準の勢いがまだ続いているありさまで、数少ない成長産業といわれているドラッグストア業界でさえ、ビジネスモデルが時代にマッチしていないのだ。

“要る”時代から“要らない”時代に180度変化している

1972年この仕事を24歳でスタートさせてから、1989年12月バブル経済が崩壊する41歳までの既存需要が右肩上がりの時代は、まだ若者だった団塊世代の私たちにとってすべてが必要、貪欲にモノを追い求めていた。古い言葉だが、カー、クーラー、カラーテレビの完備をステータスとする3Cを思い出す。右肩上がりの上昇角度は年ごとに急になり、その角度と年齢との乖離が最大になったところでバブルがはじけたと認識している。

その後2014年12月66歳の今までずっと右肩下がりの時代が続いている。既に必要なモノは全部揃っているし、年齢を重ねるとともに消耗する頻度はどんどん落ちてくるので、アンテナ（私自身）を通して、モノの〝要る〟時代から〝要らない〟時代に180度転換したことが見えてくる。

このアンテナに照らして私たちの小売業を俯瞰《ふかん》してみる。遠くにある大型店より近所の小型店、安くて大量に販売するより、高くても高品質のモノが求められ、そこに注力する方が効率的だ。さらに、セルフ販売より、お客様の立場に立った丁寧な接客、売上高を追うより売上利益率、究極はお客様に来店していただくより、お宅にお伺いする、と従来とは逆の方向に変わっていく。ＩＴ、バイオの革命的な発明発見が、それに拍車を掛けている。巷間《こうかん》指摘されているデフレ不景気もこの視点で見ると、従来型とは異なる解決策、進むべき道が見えてくる。いくら安売りしても、もう二度と以前のように大量に売れることはないのだ。

ところがやっかいなことに、例えば食料品のような需要に厚みのあるモノは、いつまで経っても変化に気が付きにくい。売れなければ従来のように安売りして、店を大きくして、しのいでいこうとする。だから気付いた時は手遅れとなってくる。

(5) トンチカンなことをせずにポイントを突く

高田薬局を学生コンビで立ち上げた私と、後に2代目社長に就いた妹都子《ともこ》が共通の座右の銘として大切にしている言葉に「隔靴掻痒《かっかそうよう》」がある。母の教えである。「靴の上から足の痒《かゆ》いところを掻《か》く」の意で、物事の核心や急所に触れずにもどかしいという意味合いで使われる。母はこの言葉を反面教師に〝そんなトンチカンなことをせずに、ポイントを突け〟と私たち兄妹を厳しく諭したものだ。

交渉事は一番影響力のある人に直接働き掛けるべき。普通の段取りを踏んでいると大きな成果は得られない。「隔靴掻痒」のような焦点ぼけでは駄目ですよ、の指摘であった。「羹《あつもの》に懲りて膾《なます》を吹く」の故事（前の失敗に懲りて度を越して用心深くなることわざ）も私たちを躾《しつ》ける際に、好んで引用した。「失敗を恐れたら何もできない」の励ましだと私は受け止めた。

最高の成果を引き出すためには、取引先トップに本音でぶつかることだ

会社経営であれ、地域活動であれ、私がグループの牽引者を選ぶ際の尺度は、身内であるかどうかを問わず、その任を全うする力量の有無だ。高田薬局では創業以来の私の腹心は妹都子である。なぜ、彼女なのか。社員の誰よりもトップの私を理解し、高田薬局の業務をこなす能力が優れているからだ。

彼女のどこが他の社員と違うのか。身びいきに過ぎるとの批判が出ることも承知で評すれば、人柄と感性の豊かさである。兄妹の学生コンビで薬屋を始め、後に妹は副社長、社長とポストを上げていくが、相手がどんなに高い地位にいても、いざ面談となれば臆することなく立ち位置を対等にして会話に入っていく。

これは、駆け出し時代から全く変わらない対話術だ。明るく、屈託なく、野心のない性格で本音をどんどんぶつけていくので、どなたにも好感を持っていただけるようである。結果として「隔靴掻痒」ではなく、一気に核心に迫ってトップダウンのセールスに持ち込む。彼女流儀の高田薬局成長の原動力だ。天性としか言いようがない。

もう一つの〝特技〟が「五感の働き」のフル活用である。1章「ターニングポイント」でも書いたが、市場に初見参の最先端商品を店頭で販売する際の接客で、視・聴・嗅・味・触の5つの感覚に訴えて、お客様の使ってみたくなる夢を広げていく技術だ。花王初の制度化粧品ソフィーナを、浅間通り商店街の小さな売り場でデパート売り場と競争で販売した時のことだ。高田薬局の売り子は妹、デパートは花王の専従マネキン。この対決で妹は、月間600万円売り上げて圧勝した。今でも語り草である。

お陰様で、大正製薬、花王だけではなく、ロート製薬、小林製薬、明治製菓（現・明治）など大手メーカーとのお付き合いも濃密さを増した。大正製薬の上原会長からは「知り合いの就職の世話を頼む」の言葉を掛けていただくほどの交流にもなっている。人材登用で大切なことは、親類縁者であっても使えると判断した人材なら活用する、勇気と決断力だ。

(6) とにかく行動。成功するまでどんどん動く

自分のできる範囲で行動していては勝利の道はない。これだ、と決断したら、そこに向けてとにかく行動を起こすのだ。苦しくても前進を止めない。そして、失敗を恐れず、成功するまでどんどん動く。これもまたデパートの贈答品配達アルバイトで学んだことだ。

配送業者が大学にアルバイト学生の募集に来たので、早大では私1人だけが希望して採用された。総勢100人余の学生アルバイトで、私は麻布十番、南麻布地区担当になった。

お互いに配達手段は自転車で、報酬は歩合制だった。自転車の荷台では配達品数には限りがあった。しかし、自動車による請負制にすれば、配達量が大幅に増えるので報酬も自転車の数倍になる、と聞いた。そこで、1年の夏休み、まずは車の運転免許証を修得。廃車寸前の車を3万円で購入した。

翌年から私1人だけが自動車による請負制に切り替えてもらった。配達を終えると翌日

の配達分を夜遅くまで積み込む日々を繰り返した。やればやるだけ稼げた。

何のために行動しているのかをいつも意識すれば軸はぶれない

私の経営手法〝15のツボ〟の多くは早大5年間の生活が出発点になっている。就職活動の時期が来てもデパートの贈答品配達アルバイトを続けていたら、「お前は就職しないのか。なぜ、アルバイトに明け暮れるのか」と友人から問い掛けられたことがある。

在籍していた早稲田大学政治経済学部は早大文系の看板学部で、就職戦線では強力なブランド。希望すれば引く手数多で、就職にはさしたる苦労もなかった。しかし、サラリーマンになるつもりはなかった。勉強をやる気もなかった。何もなかったので学費稼ぎを口実にアルバイトに熱中したようなものだった。

ある師走のとても寒い朝、麻布東町のマンションの贈答品をいつもお届けするお宅で、応対してくれた女性が半袖姿だった。いつの日か、こんなポカポカの家に住みたいなあ、と心底より思った。その願望が私のお金を稼ぐ士気を高揚させた。恥ずかしながら、これが私の「働く原点」である。お金持ちになって豊かな暮らしをするのだ。この目的意識がはっきりしていれば、厳しい局面にもへこたれることはない。

今でも鮮明に思い出すことがある。どんなに苦しくとも赤字を出したとしても、15店舗までは必ず出店すると、気心の知れた仲間たちに公言したのだ。本店、そして次の清水千歳橋店の成功事例を基本にして、薬局は、近所の皆さんが徒歩か自転車で来るもの、と思い込んでいた。これを前提に強気の目標を述べたのだが、同じような基準で出した新店が思うような成績を残せない。時代はいつの間にか車社会に変化していた。

成功事例が生きなかったわけだが、私はあきらめなかった。読み違いはあり得ることと腹をくくって「成功するまでは」と粘り、チャンス到来を待った。そして、清水・北矢部店の駐車場付き100坪店舗の大成功につながった。「日本一の薬局を目指すため」の目的達成に向けて、行動を止めるわけにはいかなかったのだ。成功するまでどんどん動く。動いているうちに次の展開を見つけることができる。その考え方は今も全く変わっていない。

（7）成功パターンは真似ろ。ただし、独自なものに進化させる

ゼロからのスタート。レブロンフレックスの劇的な成功。既存薬局とは全く異なる基準で会社運営するために、未経験者と新卒者にこだわった採用基準。独自のやり方を貫くことが成功への最大の近道、と信じて唯我独尊的な運営をしてきたが、出店3店舗目から15店舗目までパッとしない状態が続いた。車社会の到来を軽視したためだった。初期の連発した成功事例に安住してしまったせいかもしれない。

こんなピンチの時に誰かが助けてくれる幸運な巡り合わせが、いつもある。一店舗時代からの友達で、当店に一週間泊まり込みで手伝ってくださって、料理下手の母の手料理を一緒に食べた、岐阜県のユタカファーマシー高木社長が駐車場付きの100坪大型店舗を出店したと聞いて見学させてもらった。当時としては画期的な大型店舗に驚きながら、「これだ」とピンとくるものがあった。正直に言って、その大きさは私の独自基準ではとても追い付けるものではなく、そのままパクらせてもらおうとお願いをした。持つべきものは

友達。心やさしい高木社長は快諾してくださり、すべての寸法を測らせていただいた。

他社のモデルを進化させた初の駐車場付き100坪店舗

ちょうど清水の北矢部に出店候補地が見つかり、寸分たがわず真似た店を建てた。しかし、ここからが違った。当時の100坪店舗はまだまだ大きさに商品力がついてこれず、入口から大半のスペースは場所埋めに近い状態で、肝心の薬化粧品売り場は、一番奥に従来型の店と同じレベルで取り付けたようなありさまだった。当社はまたまた妹主導で、従来の店とは全く異なる構成の店を作った。入口から化粧品の大陳列コーナー。それを囲むように化粧品薬の主力商品を前面に押し出し、日用雑貨類を奥にしたレイアウトとなった。とてもカラフルで華やかな店作り。これは、他店では考えられない演出だった。

見たことがない店の出現で大人気となり、次の飛躍への大きなステップとなった。規模は真似ても、当社の一番大切な化粧品薬の接客推奨の方法はさらに強化できる、独特のレイアウト。コア・コンピタンス（核になる優位性）にこだわり、それを進化させる強味が生まれた。

（8）時代を見据えて世の中が必要とするものを理に適った方法で提供する

１９８９年末にバブル景気が弾けて以来、右肩下がりの何も要らない時代が始まり、団塊の世代の我々が高齢者になった今、そのスピードは増している。一方で、高齢者にとって切実な問題は命＝健康、若さ＝美しさ。その時代が来ることを予見して、高田薬局は長年、方向性をそこに合わせる準備をしてきた。

それが当社の中核を成す「美と健康の夢提案」。それにふさわしい商品を厳選して、一人一人のお客様に対して五感に訴える対面推奨方式で販売していく手法で、大きな成果を上げてきた。

健康と美しさを維持、増進するために必要とする商品を、お客様の、話したい知りたい購入したい、のプロセスに合わせた理に適った方法で提案する、他店では追従できない高田薬局のコア・コンピタンスがここにある。

店の信用、店員の情熱が大きな利益を生む

ドラッグストア業界は調剤を除くと物品販売業、メーカーの作ったものをお客様に購入していただいて利ざやを稼ぐ商売だ。有名メーカーが作って、どの店にも置いてある商品をナショナルブランド（NB）と称し、どこで買っても同じ商品なので、お客様にとっては少しでも安い方がメリットになる。ただ、提供する側にとっては当店で買っていただく絶対的な理由が見つかりにくく、他店と差別化しにくい。

一方、ストアブランド（SB）は有名メーカーの画期的で、意欲的な新製品が多い。商品の先行きが不透明なので取り扱い希望の小売店は少なく、メーカーも多大なリスクを冒さないために販売チャンネルを絞り込む。これを最も得意としているのが高田薬局である。

但し、SBは、当初は無名品なので、置いただけでは売れない。高田薬局がアメリカの化粧品メーカーレブロン社のヘアケア品を売ったように、実績を挙げるには、お店の情熱と信用が重要になる。その商品が売れていけば当店にしかないものなので、大きな差別化商品になっていく。メーカーと共同で商品を育てていく醍醐味がある。

プライベートブランド（PB）はNBを標的にしたいわゆるキラー商品で、医療用医薬品で言えば、ジェネリックだ。安さはアピールできるが、メーカーの嫌われもので、差別化にもつながらない。

他を寄せ付けない圧倒的な差別化商品は自己開発品（SPA）。今まで世に出現していない商品を開発し、自己店舗だけで直売する。最近の有名な例がユニクロのヒートテック。収益レベルがマージン（利ざや）ではなく、ベネフィット（利益）への格上げとなる。

高田薬局は、日本のドラッグストアでは唯一と言ってよいほどの珍しさで、SPA商品を開発した会社だ。〝錆《さ》びない〟機能を食品成分だけで作り上げたデ・オキシドライトと名付けた素材で特許を取り、高品質のサプリメントを何種類も作り上げた。

変化する新時代の中で次に必要なものに早目に気付き、独自の提案手法を編み出し、五感に訴える行動で思い切りアクセルを踏む。これが最大の勝ちパターンだ。

（9）達成しても満足せず、次を目指すハングリー精神が大切

米アップル社の創業者、故スティーブ・ジョブズ氏は2005年、米国屈指の名門校スタンフォード大学の卒業式で、今でも語り草になっている伝説のスピーチ「Stay hungry stay foolish」（ハングリーであれ、馬鹿であれ）を行った。「人はハングリー精神を失ったら成長も向上もできない。常に何かに飢え、何かを求め、何かを探し続ける精神こそ人間を進歩、進化させる」と教員の卵たちにアピールしたのだ。

どんなに成功しても、金持ちになっても、もっと上を狙う。一つの成功にとどまらず次の成功を狙う。これが本来のハングリー精神という意味なのだと思う。私たち会社経営者も一つ事業を達成すると満足して次の一手が遅れがちになるものだが、その弊害に陥らないために、転機を逃さないアンテナを高めて、私なりに目配りしてきたつもりだ。

成功事例にこだわったら転機を逃す。一つ成功したらさらに上のランクの成功を狙う

〝日本一になる〟の決意を秘めて攻め続けてきた私の生き方を理解している人から、「貴方が究極のハングリー精神を発揮したのはどんな場面だったか」と聞かれたことがある。

私は即座に次のように答えた。

「マツモトキヨシと業務提携していた高田薬局の社長である私に、既に東証2部上場を果たしていたウエルシア関東・鈴木孝之社長会長が共同持株会社設立を申し入れてきて、『社長を貴方に託す。一緒に日本一を目指そう』と提案された瞬間だ」

それは当社が創業35周年を迎えた2008年のことだ。単独での株式公開を目指していたが、まだ体力不足。さてと、次の展開を模索していた最中で、鈴木会長の突然の提案だった。経緯は1章の「共同持株会社設立で上場企業の一員に」に記したが、小さくまとまるな、さらなる成功の道を探してどんどん動け。ハードルを上げてもっと進化しなければ、と考えていたので、私はその場で提案を快諾した。

株式公開企業になる大きなチャンス、幸運の女神に後髪はない、と判断したからだ。鈴

木会長との会談は高田薬局にとっても、私にとっても運命の分かれ道だったことになる。共同持株会社設立は大変な決断だった。以前、マツキヨの松本南海男社長（現会長）が話していた「友情とビジネスは別だ」の言葉が、都合良く浮かんできた。この程度の成功に安住して、日本一を目指せるこんなチャンスを見逃がしたら、何のためにここまで頑張ってきたのか意味不明になる。発足時のハングリーな気持ちを呼び覚まして、経営責任者としてその場で方向性を決めた。

以来6年間にわたって、東証上場企業の社長を務めた。私への評価はいかようであろうとも甘んじて受けるが、私自身のハングリー精神の成せたこととして後悔はしていない。

(10) ナショナルブランドよりも地域ブランド

ナショナルブランド。会社で言えば全国的に誰でも知っている、いわゆる一流企業のこと。商品だと、全国発売されている、いわゆる一流メーカー品。TV宣伝などで知名度が高く、お客様の支持も高い。ナショナルブランド化することが一流の証しだと、時代が変化している現在でもそう信じている人は多い。

ＴＶをはじめマスメディアの力を借りてのブランド戦略は、大きな成果を得てきた。特に１９８９年12月にバブル景気が弾けるまでの右肩上がりの時代は、欲しいもの必要なものがたくさんあったので、ナショナルブランド化は、費用がかかっても大きなメリットがあった。新興勢力の我々ドラッグストア業界においても、店名のナショナルブランド化で全国制覇を狙った企業があった。一時、その店名は社会現象の発信源といわれるほど高い知名度を誇った。しかし現時点では、そのブランド力を持ってしても全国制覇までには至っていない。

一方高田薬局が地元静岡で、密度濃く当時としては効率の良い１００～１５０坪店舗を展開していたが、突然起こった黒船ドラッグストアの襲来。非常な危機感を持ったが、見よう見真似で黒船と同じ大きさの３００坪店舗に拡大することで、壊滅的打撃を受けずに済んでいる。この二つの事例を検証してみたい。

同じ陣容を整えればお客様に馴染みの地元店名が優位

前者はあれだけの知名度を持ってしても浸透しなかったのだから、ひょっとしたらお客様にとっての店を選ぶ基準は、全国的な知名度ではないかもしれない。後者は中身の優劣は別として同じ陣容を整えれば、お客様が馴染んでくださっている地元の店名の方が優位かもしれない。

この二つの身近な例から、ドラッグストアの店名のナショナルブランド化は必要とされていないと考えている。それよりも薬化粧品をコアカテゴリーとする、お客様の信頼をベースにした業態なだけに、要件さえ同じレベルで備えていれば、通い慣れて親しみのある地域ブランドの店名を、お客様は支持してくださっている。地域の健康と安心を守る仲間として、必要性を認めてもらっていると考えたい。

時代は右肩下がりの〃モノの要らない時代〃。大量販売を前提としたナショナルブランド商品も、受難の時を迎えている。

長年培った地域ブランドの店名を生かすか、統一のナショナルブランド化するか、が地域のお客様に必要とされる店でいられるか否か、の分かれ道になる気がする。

(11) 売上高よりも利益率で勝負

団塊の世代といわれる1947年(昭和22年)~1949年(24年)生まれは、3カ年だけで日本の総人口の5・3%を占める巨大な塊で、高度成長以降、一貫して消費動向を引っ張ってきた。

その世代の1人として冷静に判断すれば、規模の拡大を競い合って優劣を決める、言い換えれば、品質よりも安売り勝負となる売上至上主義の事業展開は、もう無理だと断言できる。どの世代よりもたくさんモノを買った団塊の世代が高齢者の仲間に入り、自分のお眼鏡に適《かな》ったモノ以外は買わなくなったからだ。

従って、これから日本の企業が生き残っていくためには、高齢者たちに向けた新たな需要の掘り起こしを、考えていかなければならない。キーワードは、安さで大量に販売する現状から一日も早く抜け出して、良質の商品を購入していただくように、質的な需要の転換を図ることだ。当社の社員教育で重視してきたのは、売上高よりも利益率で勝負できる、巨大な塊・高齢者向けの商品政策と販売方法でもある。

高齢者を強く意識した自社開発のＳＰＡ商品の品揃え

団塊世代の私は、戦後の日本経済の中で二つの大きな流れに沿って、生きることになる。高度経済成長の源になった不動産と株の価格高騰に支えられたバブル景気は、日経平均株価が１９８９年（平成元年）の大納会で終値の最高値３万８９１５円87銭を付けたのをピークに暴落に転じた。湾岸危機と石油高騰などを引き金に、バブルが崩壊したためだ。

１９８９年の私は41歳。そこまでは若者人生で、右肩上がり時代の好景気を満喫した。モノが欲しくて大量に買った。それからが高齢期に入った66歳の今日までの右肩下がり時代。モノは溢れているが、大量消費時代の主役である高齢者には、必要とするモノが少なくなった。団塊世代を主たる消費者として歩んできた消費動向を詳細にウオッチングしてきた目から判断すれば、既存基準で再び右肩上がりに逆転する可能性はない。それに対して売る側の対応はどうか。

小売業界全般に共通していることは、私たち団塊世代が若者で欲しいモノがいっぱいあったころに、大量販売・大量消費の商品構成で成功した体験を引きずり、何も要らない時代に180度変化したにもかかわらず、従来通りの商いを続けているように見える。安く、大量に売りさばく経営手法である。しかし、それはもう通用しないと気付くべきだ。超高齢化社会に入り、購買主力の高齢者が必要なモノ、気に入ったモノ以外買わなくなっている。そして、それがどんどん減っているのに相も変わらない大量販売商法、では通用するはずもない。

参考になるのは、自社開発したSPA商品で大きな利益を上げている、ユニクロ、ニトリなど新興企業の成功例だ。独自開発商品の製造直売方式なので（私の父が理科器具を展開したことと発想は同じ）、利益率の高さは大手メーカーのNB商品とは比較にならない。狙い目は、当社が、「美と健康の夢提案」の企業理念に基づいてベンチャー企業と共同開発した、不老不死の夢を追い求めるサプリメントのような、高齢者を意識したSPA商品だ。市場のニーズをいかに嗅ぎ取るか。当社の場合商品開発につなげていくポイントは、店頭でお客様に接する社員のコミュニケーション能力であった。

(12) 女性を生かすことが事業成長の道

ダボス会議で知られるスイスのシンクタンク、世界経済フォーラムの2014年版「男女格差報告」によれば、日本は136カ国中、104位。6年連続首位のアイスランドは政財界での女性進出も目覚ましいという。列国議会同盟(IPU)によると、2014年8月時点の下院(日本の衆議院)の女性比率はアフリカの小国ルワンダが約64%で188カ国のトップ。日本の女性国会議員は約8%で134位。ルワンダに遠く及ばない(静岡新聞)。安倍政権の目玉だった女性活躍推進法案も安倍首相の衆院解散決断のあおりを受けて廃案となった。

この〝男尊女卑〟の国日本で、高田薬局は〝女性を生かせ、生かせる女性を発掘せよ〟の方針を開業以来維持し続け女性に最大級の活躍の場を提供した。完全な男女平等男女同一賃金を、40年前の創業時より実施してきた。

女性の多い職場には違いないが、管理職の店長も半分以上を女性が占めた。男性軍から逆不平等だとの不満も出たほどだ。けれども、これが妹都子《ともこ》を中心とした当社の勝ちパターンであることは紛れもない事実であり、事業成長の道と信じて女性を大切にしてきた。女性重用は当社の経営の根幹でもある。

売り方上手は老若を問わず女性だ。女性の活躍次第で業績も伸びる

官民問わず職場の活性化に女性の登用が不可欠になってきたとはいえ、まだまだ日本の職場では相も変わらず男性優位である。議員数だけではなく、例えば、都道府県職員。2013年4月時点の女性管理職(課長級以上)の割合は全国平均6・8%。静岡県庁の管理職に占める女性の割合も今後改善しても2017年度目標で10%とか。民間でも男性優位は変わらないのではあるまいか。

かつて女性蔑視の表現に〝職場の花〟があった。とんでもないことで、現在は男性軍も圧倒される主戦力である。とりわけ私どものような小売業界は、女性の従業員なしでは成立しない。当社がある程度成功したのも女性パワー全開の賜《たまもの》だ。役員数は女性が約30%で

男性が多いが、店長は逆に約50％以上を女性が占める。

薬局は店頭販売が一番重要なので、接客力に優れている女性にとって席捲可能な職場である。お客様のほぼ80％は女性だ。しかも、推奨販売が看板の当社なので、お客様は商品の効能や扱い方などの説明をじっくり聞きたいと願っている。しかも初対面からの対応に納得していただければリピーターになる確率が高い、と立証されているので、当社では同性の女性社員がベターだと考えている。

問題は、結婚後の女性自身の家庭内基準が社会的な基準と合致しない点、がまま生じてくることだ。出産による子育て、夫の転勤などで、仕事の継続が困難になった場合だ。管理職あるいは管理職候補の方も、退社せざるを得なくなる。そこで、退職者の再雇用を積極的に進めているほか、人口の高齢化を踏まえて、高齢女性雇用のビジネスモデルを構築中だ。家庭で待機している働ける高齢女性が発掘できれば、人口減社会であっても人手不足で悩むことは少なくなる。高齢女性にとっても働くことは生きがいになるはずだ。

(13) 家族、仲間と一緒に行動。一人では高が知れている

同族経営とは、特定の親族などで経営する組織を指す。功罪いろいろ論じられているが、日本では会社の約95%がいわゆるファミリービジネスで、中小企業の多くが同族会社だ。大手でもトヨタ自動車やサントリーなど世界的な企業でも創業者一族が所有し、経営も実質的支配権を所有している同族企業が目立つ。

この分類で言えば当社もファミリービジネスだったが、気心も能力も知り尽くした同族ゆえのメリットを十分に享受している。従業員も家族同様に動くので結束力も強い。ただ、同族会社とは言いながら事業を興した人が独力で経営する、となると高が知れている、ことも理解している。

当社の場合は、東京で一人きりで事業を続けた父を反面教師に、家族ぐるみで事業を拡大してきた。方向を見定めて旗を振る私に、妹、弟が行動の中でそれを実現し、社員の皆さんも価値基準を共有しながら付いてきてくださった。創業者の私と、妹の高田都子《ともこ》2代

目社長、弟の智生《もとあり》専務と3人兄弟を軸に展開してきた独自路線の経営手法、に揺るぎない自信を持ってはいるが、第三者の評価があるとすれば謙虚に耳を傾けたい。

仕事の仲間はすべて〝同志〟ではなく、〝友達〟だと考える

逆説的だが、私が高田薬局の経営を続けることができたのは父を反面教師に仕立てたこと。つまり、あの父だったからこそ高田薬局の40年があったと、私は父を評価している。

父は多彩な能力の持ち主で、学歴もあり、高邁《こうまい》な理想も掲げていた。ところが、物事の判断基準はすべて「自分」で、それに合致しない人は全く寄せ付けなかった。組織に入っても主流になれない、仲間のできない典型的なタイプ。事業主の〝我儘《わがまま》〟が判断基準とあっては、よほどの似た者同士でなければ共同事業は成立しない。

私の場合は、自分の発想力を頼りに、何とかなるだろうという「いい加減な判断基準」で店を立ち上げたが、「日本一を目指す」という志と方向性をぐらつかせることは一度もなかった。社会的、経済的経験ゼロで業界に入ったので、判断基準をセットしようがなかったのだ。その結果が「ぶれない」だった。

脇を固めたのは不思議な縁で入社してくださった初期のメンバーたち。社員が同士というよりも友達軍団となると、不思議なことに自分だけが突っ走ることができなくなる。「友達」なのだから、自分ではやりたいと思っても「待てよ。相談してみるか」となる。

何でも言い合える友達が社内の主要ポストに就いているとあれば、戦略的に独自性を貫きたいと思っても、一人で独善的になることもなく、トーンを落として皆と一緒に行動していくことになるものだ。

それに、肉親の妹と弟の厳しいチェックもある。高田薬局では、妹は私の後継者として副社長、社長の道を歩み、後に専務になる薬剤師の弟は裏方を切り盛りして私を支えつつ、常に苦言を呈してくれた。2人の存在は同族経営ならではのメリットだ。父と同じように、私が強引に独自路線で走っていたとすれば、早晩、一人の力では高が知れていることを味わったはずだ。高田薬局が40年の軌跡を残すことができたのは家族、顔見知りの方々とのファミリービジネスだったからこそである。

(14) 鶏口となるも牛後となるなかれ

学生時代に、サラリーマンにはならない自分で何らかの事業を興す、と決めた時から何度も呪文のように唱えてきたのが「鶏口となるも牛後となるなかれ」のことわざである。大きな団体の部下として服従するよりも独立した小さな団体の長である方が良い、という意味合いだ。私の目指す方向性も、幼少時よりの父と母の一風変わった教育「可能性が無限の生き方」、に〝洗脳〟されたようで、当然のように、自分の能力を自在に生かせる途《みち》を志向した。

小学生の卒業文集で「総理大臣になりたい。なぜなら一番上だから」と書いた私の「可能性に限度のない生き方をしたい」の願望は、組織に入らず自分でやる、一番上を目指す、事業は一人ではやらず家族、仲間とともに……と一国一城の主への考え方を昇華させてきた。

私たちが所属するドラッグストア業界は、どちらかと言えば歴史の浅い成り上がり者集団だ。前身が薬局なので薬剤師の経営者も多いが、私も含めてほとんどが薬業界のアウトサイダーなので、やる気と根性、自力で駆け上がってきた方々である。

そうした中なので、得体の知れない発想を連発することだけが取り柄の私のような人間でも、それなりに通用した。ラッキーなことは「トップ狙い」の信念が生きる業界に存在していたことだと思う。

いきなり競争の激しい世界に飛び込むことだけがすべてではない

私の薬局経営の地ならしは生まれ故郷の静岡市であった。既に地盤を固めた老舗の薬局もあったが、街の薬屋さんとしてスローペースで仕事を始めた。業界の知識が全くなかったので焦ることもなく、身近な所から一番になろうと、まずは「県都のトップ」を狙った。はた目には〝大それたこと〟と映ったとしても、志が日本一なのだから、私にとっては法外な目標ではない。

創業した時は私と妹の2人だけ。やがて、私の心意気に投合する仲間たちが1人増え、

2人増えて〝知りあい軍団〟が出来上がった。飲み屋などで出会ったりした、業界とは縁のない顔見知りの方たちだった。私が発想する奇想天外に近いことに興味を持った仲間に支え続けられながら、シロウト集団が少しずつ一丁前の薬局に成長していった。みんなの士気は高まった。

こうした経緯の中で、高田薬局の「美と健康の夢提案」を推奨販売する接客方法が全国的に脚光を浴びる存在になった。立ち上げから19年目の1991年（平成3年）、誘われるままに全国の医薬品小売業約100社、5200店舗で組織するボランタリーチェーンの日本ドラッグチェーン（NID）に加盟。10年後の2001年（平成13年）、会員とメーカーとの協業で商品開発や販促企画を行う（株）NID社長に推挙された。

小さな仲間（高田薬局）の長が皮切りではあったが、目的意識を持って経験を積むことで自分の生きる道を探し出せることを、私は実体験してきた。正直に言ってツキに恵まれたこともある。学生時代勉学を放り投げていたノンポリ学生だったが、（株）NIDでの立ち位置では、「早稲田大学政治経済学部卒業」の学歴が効いたことも確かだ。ツキも実力のうちと言う。言い得て妙だと思ったものである。

お陰様で、アイデンティティーを存分に発揮することができた。

(15) 美と健康の夢提案は「不老不死へのアプローチ」

高田薬局の経営理念は「不老不死へのアプローチ」。それを行動基準にした社是は「私たちは地域の人々に美と健康の夢提案をし、美と健康に貢献します」というもので、美しさ、健康、そして命に対して、お客様にとって一番身近な存在としての役割を担っていると認識している。

地域の方が安心して暮らしていくパートナーであることをベースにしながら、いつまでも若く、美しく、健康でいることにチャレンジして〝永遠の命〟を目指す提案をする〝夢売り企業〟であることが、生活必需品の受け皿として「現実」対応するだけの普通のドラッグストアと高田薬局との大きな違い。高田薬局は「モノ」だけではなく、「心」も売っている。

その差は、命の大切さを意識して行動することを絶対信条とする私の思考基準と、開店して間もない時に、レブロンシャンプー、トリートメントの提案販売で劇的な体験をしたことに尽きる。当時、新進気鋭、化粧品雑貨問屋チヨカジ（現中央物産）の岡部社長が提案したアメリカ製の超高級品。エメロンシャンプーも、花王フェザーリンスも100円の時代。それに対してレブロンフレックスシャンプー・コンディショナーはともに、なんと同じ容量で1000円の商品だった。

妥協を許さなかった〝夢提案品〟選びが育てた〝夢売り企業〟

一般の店では1、2本を「珍品」として陳列するだけで精いっぱいだったが、当店ではすべてのお客様が訪れるレジ前に段ボールカットで大量に積み上げた。そして妹がその横に立ち、すべての女性客（お客様のほとんどが女性だった）にお声掛けをし、手渡しをし、キャップを開けて、形状を見て、香りを実感していただいた。そして、使った後どんな素敵な髪になるのか、一人一人のお客様の髪の特徴を生かしての〝夢〟を語った。

私たちの心を込めた、その方にとっての楽しい夢の提案は大きな共感を呼び、山積みの段ボールはあれよ、あれよという間になくなっていった。驚いたのはレブロン社と紹介してくださった岡部社長。さらに売れるように考えられないくらいの手厚い支援をいただいた。

私たちの提案に共感してくださって、楽しそうにお買い求めいただいたお客様の笑顔を今も忘れない。ここで〝夢売り企業〟としての当社の方向性は決まった。

永遠の美と健康をアピールする商品を〝夢提案品〟と名付け、その位置にふさわしい本物の商品を妥協せずに選択し、店頭で一人一人のお客様を大切に思いながらお奨めすることが従業員にとって一番重要な仕事だ、という共通認識が生まれ、商品選びから顧客管理、接客に至るまで、他の追従を許さない独特の企業体を作ることができた。年月と手間が非常に掛かる作業だが、何も要らない〝今〟にピタリと焦点が合った方向性だと確信している。

3章　静岡新聞夕刊コラム「窓辺」で発信

「窓辺」は静岡新聞の夕刊一面に掲載されているコラムです。県内を中心に各界各層で活躍の方々が自由闊達に意見をつづっています。1971年（昭和46年）に始まったと聞きました。真に静岡新聞を代表する連載ではないでしょうか。

その貴重なスペースに、2013年10月から12月までの毎週、計13回にわたって小稿が掲載されました。それを加筆訂正し再録します。

窓辺

50年後のスパイラル

高田《たかだ》 隆右《りゅうすけ》

2020年の東京オリンピック開催決定に懐かしい気持ちがしています。僕が初めてオリンピックに触れたのは、1964年の東京大会の2回前。遠くからなんだなあ、と耳をくっつけて聞いたラジオから流れるアナウンサーの声、オーストラリアのメルボルンからでした。次のローマ大会では、マラソンのアベベ選手がハダシで勝ったこともさることながら、アメリカでもソ連でも東ドイツでもない、アフリカの選手の勝利が驚きでした。

東京大会の時は高校1年生。僕たちの学校の一部は海外からの若者の宿舎になり、校庭にはフェンスで囲まれたサッカー場も出現しました。トイレも様変わりし、洋式を初めて見て「どうやって使うのだろう?」と興味津々でした。

僕が最も幸運だったのは、国立競技場で入場式のリハーサルを見られたことです。オリンピックマーチにのっての各国選手の入場行進や聖火点灯、その後テレビで見た本番とすべて一緒でした。当時は相当浮かれていて、「勉強は後でしょう」と授業をさぼって選手村近辺をウロウロ、翌日学校で一日中立たされました。テストも赤点4教科、どっぷりつかったオリンピックでした。

あれから50年。ビルの屋上や川底を利用して造った首都高速も夢の新幹線も普通になりました。ぐるり回っての2回目のオリンピックを体験できるであろう幸運に感謝しながら、新しい時代にスタートしていく、その時19歳になるわが子がまぶしい。

(日本チェーンドラッグストア協会理事)

（1）時間は冒険の〝宝箱〟です

かつては十年一昔、でも今なら3年ぐらいでしょうか。流行《はや》り廃れのレベルなら、最も早いものは半年。とにかく伝達手段の革命的変化とともに時代の変化も桁違いに速くなってきています。

でもね、異なる次元の歯車も絶えず大きく回っているんです。その単位もほぼ50年でしょうか。小学校の修学旅行で昇ったきりの東京タワー。近頃いろいろな形、鮮やかな色で光っていることが気になりました。見慣れた風景なのに新しい発見、久しぶりに昇ってみたくなりました。

東京オリンピック50年ぶりの「お帰りなさい」ですね。そして昨年から小学校の同級生に何人も会う機会に恵まれています。

今回この「窓辺」の欄をどんなテーマで書こうかな、と思った時に気付いたことがありました。団塊の世代の私にとって〝これから〟よりも〝いままで〟の方がはるかに長いということです。

薄れゆく記憶を手繰りよせながら「もしかしたらあの時」とか、「右へ行かずに左へ行ったらどうなっていたであろうか」など。そして長い方の探索に出かけたいと思います。

最近ひょんなことから富山大学の津田先生と仲良くなりました。先生が静岡に住んでいたのは、ほんのわずかだったのに、当時の記憶を大切に持っていました。しかも同じ年齢で同じ町内の出身だと分かりました。そして、浅間神社の前にある救世軍の隣に住んでいた〝ゆみこちゃん〟の思い出話で盛り上がりました。

それは60年前の小学校1年生の時の話です。

津田先生は、そのころ、他に誰とどこでどんな遊びをしたのか、を発見するために静岡にやって来ることを切望しています。楽しい冒険が始まりそうです。

（2）50年後のスパイラル

2020年、東京オリンピック開催の決定は格別懐かしい気持ちがしています。なぜなら、私が初めてオリピックに触れたのは、1964年の東京大会の2回前でした。「随分と遠くからなんだなあー」と耳にくっつけて聞いた、ラジオから流れる途切れがちのアナウンサーの声。それはオーストラリアのメルボルンからでした。

次のローマ大会では、マラソンでアベベ選手が〝世界に通ずると言われる〟かの有名なアッピア街道をハダシで走り、優勝したこともさることながら、アメリカでもソ連でも東ドイツでもない、アフリカの選手の勝利が驚きでした。

東京大会の時には、私は地下鉄で通う高校生でした。校舎の一部が海外からの若者の宿舎に利用されたり、校庭にはフェンスで囲まれた、当時はまだ珍しい部類のサッカー場も出現しました。トイレも様変わりし、初めて見てみる洋式トイレに「どうやって使うのだろう?」と興味津々でした。

私にとって幸運だったのは、新装なった国立競技場で入場式のリハーサルを直々に見られたことでした。オリンピックマーチにのっての各国選手の入場行進、特に聖火の点灯など、その後のテレビで見た本番と全て一緒でした。

とにかく当時は相当に浮かれていて「勉強は後でしよう」と授業をさぼって選手村近辺をウロウロ、翌日学校で一日中立たされたりもしました。お陰でテストも赤点が4科目のありさまで、どっぷりと〝オリンピック漬けの青春〟でした。

あれからちょうど50年。ビルの屋上や川底までも活用して作った首都高速も新幹線も、普通になりました。ぐるり回って2回目のオリンピックを体験できるであろう幸運に感謝しながら、新しい時代がスタートしていく。

〝その時、19歳になるわが子がまぶしい〟

注 最終ランナーだった坂井義則さんが先ごろ逝去された。聖火を高く掲げ、均整のとれた姿形で競技場を走る。そして寸分の揺るぎなくスタンドの階段を一直線に聖火台に掛け上る坂井さんの姿。彼は代表選考会で敗れ、失意の底にあったという。しかし、広島の原爆投下の一時間半後に生まれた運命もあって、栄光のランナーに選ばれたというかくれた物語があった。

(3) 〝夢〟は叶うもの

「僕は夢という言葉は嫌いです。実現しないものだから」

心に引っかかったこの一言、以前スポーツ新聞に載った大リーグの松坂投手のコメントです。この言葉は、私にとって大切な〝夢〟への認識を深めてくれました。

私は小学6年生の時に、父の強い勧めで毎週土曜日には、4時間もかけて東京へ模試を受けに行きました。翌日は夜8時までに帰宅すると海外ドラマの サンセット77 に間に合ってホッとしたものでした。〝フジヤパラソルチョコレート、お口の中で広がった〟のコマーシャルソング、いつもクシで髪をピタッと整えていた、配車係のクーキーも懐かしい。

時を同じくして、東名高速道路構想が発表されました。

「東京まで2時間ぐらいで行けるらしい」

将来は、東京と静岡を毎日往復するような仕事ができたらいいなあ、と思いました。しかし現在は、毎日ヘトヘトになりながらも、なぜか毎日東京への通勤に追われています。「妻を娶《めと》らば才たけて、見目《みめ》麗しく情けあり」に憧れがありました。まあ一般的なタイミングではありませんが、そして、いろいろ？　ありましたが、なんとか娶ることができました。

今、人生を振り返ると、博士にも大臣にもなれていませんが、現実に叶《かな》ったことも思いのほか見つかりました。

これって夢でなくて、目標、憧れ、何だろう。〝夢〟に縛られています。ちなみに私はA型です。仕事は、美と健康の夢売り業「いつまでも健康に、いつまでも美しく、もっと健康に、もっと美しく」をキャッチフレーズに、人類の叶わぬ〝夢〟不老不死へのアプローチを続けていきます。

目指そう、長生き世界一の静岡県！　それにはまず自分が痩せなくっちゃ。

（4）「青年の主張」

30年前、駿府マラソンが始まりました。

この催しを機会に、弟が「ウインダー健走会」を立ち上げました。レースに参加するための同好会で、お揃いのユニフォーム（Tシャツにプリントしただけですが）を着て走ります。箱根駅伝の経験者から、本当に大丈夫かと心配される体重100キロ超えた者まで、何でもありのチームですが、年毎に参加者が増え、ついに100人の大台を突破するほどになりました。

それには理由があります。走った後の打ち上げパーティーが滅茶苦茶《めちゃくちゃ》楽しいからです。10キロ40分を切って走った人も、70分もかかった人も、参加した全員がスピーチをします。道中いかにしてピンチを乗り越えたか、などなど、体験した者同士が連帯を満喫できるんです。

私もマラソンにはもちろん〝選手〟として参加します。運動オンチな私でも（謙遜です）この世で唯一〝選手〟になれる至福の時です。もっとも晴れやかな気分はスタートするまでで、走り始めた途端に、無事にたどり着けるか、心配になります。勝負は残りの2キロ。中堀に入り、景色が一変するのでホッとしますが、実はそこからが難関の道程です。

そこで自分流の対策を考えました。

苦しさを忘れるために歌おう！　お堀の道に入ると西郷輝彦ヒットパレードを前奏付きで始めます。「君だけを」「星娘」そして〝星のフラメンコ〜〟でゴールイン。これお勧めです。

そんな愛する大会が、この度フルマラソン主体に変更されることになりました。きっとマラソンセミプロのような方でいっぱいになるんでしょう。

これは私とスンプ仲間の寿し店主、磯賢の親方による〝青年の主張〟です。

誰でも気軽に参加できる「楽しいマラソンの灯」を消さないでください。

(5) イチジク物語

私はイチジクを愛しています。もちろん妻も子供も愛しています。しかし妻と子供は残念なほどイチジクを愛していません。「マシュマロのほうがまだマシだ」などと理不尽な比較さえしてみせます。なぜ解ってもらえないのだろうか。

こんな独善的な悩みに陥るほどイチジクが大好きです。

「無花果」と書くのに、パックリ開いている所が花っぽい。でもプチプチも入っているので実のような気もします。ま、どちらにしても口に入れば幸せがあふれてきます。ジワッと熟してパックリ度合いが大きいほどおいしい。腐る寸前がベスト。新鮮に見える緑がかったモノや深い紫色でも、全身皮で覆われたモノは大抵期待外れです。

むいた時、身と皮が離れないほどドロッとしていたら、くっつけたまま食べちゃいます。パックリに小さな虫が付いていても取りにくかったらパクリ。

美味しいものは、絶対に逃がしません。

これほど好きなイチジクは母の味でもあります。

今日では6月から10月くらいまで店頭で見かけますが、ムカシは夏休みの終わりころから9月下旬までのごく短期間しか売っていなかった。その〝切なさ〟が魅力だったかもしれません。かつてはイチジクを庭で栽培しているお宅が多くあり、それを母が譲ってもらい食べさせてくれました。本当においしかった。

ビワを植えている家もあちこちにありました。塀越しに黙っていただいた種の大きい甘酸っぱい味を、私の舌は今でも覚えています。でもそんな風景はいつの間にか無くなってしまいました。

そういえばチュン、チュンとうるさかったスズメの鳴き声も、花壇に飛んでいたミツバチも見かけなくなりました。

そのかわりに、カラスの鳴き声ばかりが目につく21世紀になってしまった。

私は日本が、そして地球が心配です。

（6）巨人あっての西鉄ライオンズ

打撃の神様といえば背番号16の川上は伝説の人。しかし、私にとっての身近な伝説の人は何といっても稲尾です。

プロ野球に最初に興味を持ったのは、小学校3年生の時に見た、歴史に残る日本シリーズでした。大人気の巨人を相手に、福岡が地盤の西鉄ライオンズが、その年から3連覇したのです。

鳥は生まれて最初に目にした者を、親だと思ってしまうようですが、私も同様でした。強い者に憧れるのは当然のこと、自然にライオンズファンとなりました。

4年生から5年生へと、どんどん野球が好きになりましたが、クラスのみんなは定番の巨人、天の邪鬼グループ所属に気付いた私の熱い想いは、熱狂という文字に昇華していきました。今でも、西鉄のベストオーダーの打順と守備位置は、ソラで言えます。

3連覇した年、出だしは巨人が3連勝しました。ルーキー長嶋が大活躍し、さすがの稲尾もお手上げでした、その時です、文字どおり天が西鉄に味方をしました。

4日目が雨になったのです。

稲尾はこの間、宿舎で、常識では計り切れない長嶋のことを考え続けて、ある弱点に気付きました（内容はヒミツです）。お互いに一流選手同士ですから、弱点に気付いた方と気付かれた方では差がつきます。結果は、西鉄が〝奇跡〟と言われた4連勝で日本一になったのです。

その2年後、万年最下位だった大洋ホエールズに移った三原監督は、まさかの日本一になり〝三原魔術〟ともてはやされました。しかしその後は、2度と優勝することはできませんでした。

勝負師の世界は、決まると鮮やかですが、運には限りがあるのかもしれません。王、長嶋を中心に据え、原理原則的な野球をやり続けて9連覇もした川上監督、とは好対象です。

まさに人生いろいろです。

(7) 寒い朝

11月の〝七・五・三〟を過ぎると寒波が来る。東京では浅草酉《とり》の市、酉の刻だからでしょう、夜始まります。ものすごい人波にもまれたこと、出店で売っている熊手の煌《きら》びやかだったこと、も記憶に残っていますが、それよりも何よりも、寒かった。中学生だった私は、父のオーバーのポケットに妹と競って手を突っ込んでいたことを思い出します。

小学校の登校時などは、両手に吹きかけた息が白くなり、中堀は凍りついていました。小石を投げるとカンカンカンと、水音に関係ない澄んだ音色とともに、スーと水すましのように対岸に向かって滑っていきます。駿府公園の石垣にそれが届いた時には、うれしくて校門まで走って行きました。水たまりに張った板のような氷も、踏んづけて割ったっけ。とにかく寒かった。

外堀でも毎日遊びました。泡とか青ミドロとかがいっぱいで、長靴をはいていても気持ちの悪い、沼のような場所でした。そこにはエビガニとか、アカッパラとか、アブラッパイなどがウジャウジャいました。

アカッパラをひっ捕まえては石垣にぶん投げっこ。いま思えば残酷なことをしたものです。ヌカピン、ボッタイで魚を捕まえている子もたくさんいました。

こんなに楽しい遊び場になったのは、中堀も外堀も、石垣のほころびから簡単に入ることができたからです（もっとも中堀は深くて水の中に入れたのは外堀だけでした）。

どちらも今は鯉を眺めるほどのキレイな景色に変わりました。母校の城内小学校の名前も石碑だけになりました。

北風吹きぬく寒い朝も心ひとつで暖かくなる。このごろはちっとも寒くないけど、暖かい心が、ますます大切になってきましたね。

(8) ずっとトモダチ

私の静岡での最終学歴は小学校です。学校時代の友達はそこまでで、したがって人の輪が広がりにくいのが弱点です。

だからその分だけ、他の人より思いが深いのかもしれません。今、目の前の人の名前が出てこなかったりしますが、小学校時代の友達の名前はフルで思い出します。いつ同じ組だったのかはもちろん、一緒に行動した場面も浮かんできます。

2年前になりますが、ふらっと入った店で小3の時の同級生タキ君と出会いました。タキ君は6年7組で、クラス会を50回もやっているとのこと。懐かしさがいっぱいの私は、次回の出席をOKしてもらいました。

当日知っている顔がいくつもありました。桜花幼稚園の同級生も何人も交じっていましたし、何より、1年生の時学芸会で演じた「泣いた赤鬼」のクニコさんが当時の写真を持ってきてくれたのには感激しました。ちなみに私は青鬼でした。

あの時からの友情は続いています。ウンウン。

小学校のクラス会で自分の組以外で出てみたかったのは5組と7組。幸運は続くもので、何と20年ぶりだと言う5組のクラス会にも出席できました。部外者がシャシャリ出ていいものかとも思いましたが、うれしさが勝りました。

実は5組にはあこがれのタカスさんがいるのです。当日あいさつのなかで初恋の女性に会えた喜びを伝えると、俺も俺もだ、と幹事のヤベ君も含めて何人もが手を挙げたのでビックリ、そんなに人気があったんだ。

4年で一緒だったヤマシタ君も、1、2年の時のサイトウミィちゃんもクニスケ君も懐かしかった。ヨネマス君、カサイ君、1組も早くやろうよ。

（9）商店街でガッチリ

毎年、6月30日の夕方から商店街には突然大勢の人が集まってきます。ほとんどが家族連れ、どのお店も大にぎわいの〝輪くぐりさん〟です。正月三が日は浅間神社の参拝客がゾロゾロ、お年賀用品の大量買いに右往左往した記憶があります。そして真打ちは4月1日からの5日間の静岡まつり。金魚すくいやリンゴ飴などの出店が隙間なく並びました。浅間神社への往復の人で通りはあふれてしまい、なんとこの時ばかりは、店の売り上げが普段より逆に減ってしまったものでした。

年3回だけ、どこからこんな人が集まってくるのだろう、と驚いてしまう商店街が、私の生まれた所です。八百屋さん、肉屋さん、魚屋さん、駄菓子屋さんなんでもありました。油屋さん（ガソリンスタンドではありません）にもよく使いに行ったねえ。

そんな商店街の風景が、年月とともに変わってきています。いつの間にか肉屋さんも八百屋さんも魚屋さんの姿もありません。静岡市のメインの商店街も最近は入れ替わりが激しい気がしますが、われわれの街では、入れ替わらずに、歯抜けになるばかりです。

でも待った！　社会の超高齢化への進行と合わせるように、時代もまた動いています。回り回って３６０度、市街地への回帰が始まってきました。

ビジネスチャンスの到来です。あれだけの人を集められる商店街を一つのプラットホームに見たてて、これからのエリアを創っていきたい。できれば頑張っているお店の皆さんと協力し合って、経済活動として活性化させるのが私の夢です。

「商店街でガッチリ」といきたいものです。

(10) 隔靴掻痒

私の母は、ただ者ではありません。

話はちょっと横道にそれますが、父も並大抵の人ではなかったので、わが家は異常値の出やすい環境です。その母は19年前に脳卒中で倒れましたが、それからは自己の人生に対する姿勢が激変しました。

それまでは「家族のことだけ考えて行動」していたのに、以後は「自分を守る」ギアに思い切りシフトしました。母はこういう人なんだ、と思い込んでいた私たち3兄弟は驚きましたが、それだけではありませんでした。左半身が不自由なのにリハビリにも熱が入らず、動かず消耗しない、省エネの生き方を選択したのです。現在91歳で、妹の100%の介護を受けて暮らしています。

ところで、われわれ兄弟には脈々とながれている基準があります。一つは「隔靴掻痒《かっかそうよう》」

すなわち、何のためにやっているのかをシッカリと見据えて核心を衝《つ》け、周辺をウロウロしているだけの意味のないこと、効果の薄いことはやるな、ということ。

もう一つは「羹《あつもの》に懲りて膾《なます》を吹く」つまり物の本質をよく見極めて、トンチンカンな事をするなというもので、厳しいけれども、このことは〝魅力的な母の教え〟です。

ところで最近目からウロコの落ちる事件に遭遇しました。それは私の子供がシドニーに滞在していた時に、腸の緊急手術を受ける事態になったことです。お陰さまで成功しましたが、手術後の対応はガスと食欲が出るかが重要なポイントで、それさえクリアすれば全部OKというものでした。

経過が順調なため2日目にはアイスキャンデーを食べ、5日間で退院できました。医療のことはよく解りませんが、私の認識とは程遠いものでした。

世界は広い、年月のアカで曇ったメガネをしっかりふいて、本質を見極める力をレベルアップしたいものです。

(11) 速さと浪費のパズル

「おじさん!」

私が家のなかでゴルフの真似をすると、妻と子供が発する我が家のお決まり、TVコマーシャルのあれです。私にとってもハタチすぎまでは、30歳はおじさんでした。当然50、60歳などは、はるか彼方の存在でしたが、今やどっぷりと漬かった関係者になってしまっています。人間である以上仕方のないことですが、長い年月を経てきた証なんだ、と考えがちです。止まれ! 時間なんて巻き戻せばアッという間です。私の場合、失敗に続く失敗ばかりでしたが、遠い過去の無謀なチャレンジが、昨日の出来事のように浮かんできます。

まさに「光陰矢の如《ごと》し」です。だからお稽古事も、読書もスポーツもどんどんやったらいい。アッ勉強もね。やらない時間がもったいない。やっているうちにきっと何かがうまくいく。何かに興味をもつキッカケになるかもしれません。そんなチャンスをゲットできたら、もうダメだと思ってもやり抜きましょう。そのプロセス自体があとで効いてくると確信しています。

次に志を持つことが大切です。と言いつつも、問題意識もなく漠然としているのが普通ですが、何かを見つけるまで、ジッと動かないのも、私は立派な志だと思います。時間浪費の勧め〝待て〟です。

次は先手必勝です。先が見えない時には、ジッとして、見通しがついたら一気にアクセルを踏む。これが美しい勝ちパターンだと思っています。

やり抜いた経験、志、そして1、2、3、それで終わらずに3・5のタメ。志を軸に時間の速さと浪費を組み合わせる生き方、やってみませんか。

⑿ ゴオオオール

「1ゼロ・2少・3多」。ある会合のメのあいさつで、知り合いのお医者さんが、おっしゃった言葉です。

長生きするために必要な要素を端的に表現したものです。団塊の世代にとって、これからの最大関心事ですが、早速自分に当てはめてみました。

1ゼロは煙草、即刻やめろです。大学時代は煙モウモウのジャン荘に入り浸っていましたが、その時には、なぜか吸った記憶がありません。健康のためではなくて「空腹の足しにはならないな」と思っただけです。

でもラッキーなことに、それがこの期に及んで効いてきました。

2少は酒とカロリーです。これは少々、いやだいぶ厄介。私は俗に言う酒に飲まれるタイプ。目の前に酒が出てくるとすべてを忘れて主役に躍り出てしまいます。カロリーも、あの脱脂粉乳をすべて飲まされた〝暗黒の給食時代〟ですから、出されたものを残さず、さらに子供の分まで食べたりするので、慢性オーバー状態は解消できません。

3多は、良いことなのでどんどんやれです。一つは睡眠、寝つきは早く、目覚めは真夜中。生活がコントロールできません。二つ目は運動、静岡マラソン目指して頑張るぞ。まあここまではほどほどですが、一番の問題は三つ目、社会との接触です。月曜日には朝から会議、火曜から金曜までは東京。やっと土曜日になって、1週間のゴオオオールだよ、バタッ。

これが私の現状で、年を重ねるのと裏腹に、忙しさのレベルはますます上がっていきます。オーバーペースかなあ、と思いますが、3多の三つ目はたっぷりクリアなので、今後もアグレッシブな姿勢で臨んでいきます。

(13) 親孝行

仕事を始めて40年になります。初期の段階からさまざまな方にご指導とご協力を賜りなんとかここまでやって来ることができました。頂上はまだ先ですが、フッと振り返ると意外に高くまで登ってきた気もします。

高邁《こうまい》な理念を植えつけ続けてくれた父と母には〝少しは親孝行〟できたかなと思うこのごろです。またこの仕事を始めた者として、年齢的な差は無いのですが、一緒に行動してくれた仲間から、かなりの親孝行をしてもらっているのかな、とも実感しています。

親バカで申し訳ありませんが、来春小学校を卒業のわが子が、6年間で4度も作文コンクールで全国表彰され、私たち夫婦も、その度に正装で東京へ出かけいくという、得がたい親孝行を体験させてもらいました。

「親孝行」には、ずっとつながっているとの愛おしい響きがあります。この親孝行に似た感覚でサステナビリティという言葉を大切にしています。持続する可能性、地球をターゲットにしています。共生、共創をキーワードに地球をみんなで守ろうというものです。

地球を命に置き換えてみました。行政、医療機関、さらに同業者とも一致団結して地域の安心健康、そして命を守っていくことが私たちの使命。民間ならではの自由度を活かして地元に親孝行しなければ、と思っています。

さて、今までの紙面の中で書かせていただいた、小学校の時から現在までをたどる「時空冒険」は、同郷と知った富山大学の津田先生が近々来静して、地元の語り部、柴田員枝のお話を聞くことでフィナーレを迎えます。

そしてこれからは、今後をいかにして生きていくか、私の人生の真価が問われる場面になっていくと思っています。

エピローグ

こだわり続けた〝美と健康の夢提案〟

高田薬局の理念は〝不老不死へのアプローチ〟。会社の根幹的な方向性を示している。社是は〝私達は販売活動を通して地域の人々に美と健康の夢提案をし、ますます美と健康に貢献します〟これは理念に基づいた行動指針になっている。

学生時代の将来の目標は、とにかく一番を目指すということで総理大臣だったが、実は裏メニューで、もう一つなりたいものがあった。それは医学者。永遠の命の可能性を追求したかった。ま、向き不向き、能力の問題もあって、こちらは高校1年の時になりたいものの候補から消さざるを得なかったが、突発的に、発想の片隅にもなかった、薬局からスタートして日本一を目指すことになったので、裏メニューで追い求めたかった永遠の命がついてくることになった。

命へのアプローチにおいても餅は餅屋。医療基準だと頂点に立つのは医師。高い専門性に基づく判断力で現実的対処をしていく。

話はちょっと横道にそれるが、セルフメディケーションはNOだと思う。これからは超高齢社会の基準でものを考えるべきで、命に関わる場合も想定される。そんな時代に自分の体の調子を自己判断するわけだから、当事者にとってそれで良しとされるのだろうか。

国を中心にした行政そして業界の事情もあるだろうが、生兵法は大けがのもと、健常者が良い状態を維持し続けるセルフケアまで、とすべきだ。

話を元に戻すが、高田餅店の守備範囲は、命に関しては〝夢〟を売ること。どうせ夢ならどーんと大きく、不老不死へ続く夢が良い。また道草だが、夢と目標は違う。夢はかなわないもの。はかなく、せつない響きもあるが、前向きに考えると可能性はいつまでも無限の、スケールの大きなものだ。

目標とはどんなに大きくとも実現可能なもの。必ずゴールはある。

さて夢売り餅屋のメインの仕事は、人々に無限の可能性を提案すること。そしてそれを目標達成の糧にする最高の理念〝不老不死へのアプローチ〟だが、途方もないもので、ふざけていると思われる恐れがあると判断して、私がまだ若者の時代には、しまっておいた。しばらくして、この本の中に何回も登場するレブロンフレックスで衝撃的な成果を上げ、ここで会社の行動する方向性は決まった。

提案を聞いてくださったお客様の笑顔がとにかく忘れられない。現実だけに対応するほとんどのドラッグストアとは一線を画した。我々は、理念に基づき社是に沿った高い目線での提案型商法、手間はかかったがこのやり方にこだわって、経済的にも十分成り立つレベルに到達できた。当然他の追随を許さない水準だ。

しかし冷静に振り返ってみると、ここにこだわり過ぎたのかもしれない。合理的な現実対応型ドラッグストアでどんどん大きくなる企業が増えてきて、我々の属する業界も産業化してきたが、一対一対応型、手づくり提案型、未来志向、の当社はいつも出遅れ気味だった。独自性に酔って、時流に乗る俊敏さに欠けていたきらいがある。

皆さまの支えで初志貫けた幸運
66歳を転機に団塊パワーで地域の宝探し

でもいつも幸運だった。

号令は出すが実行力に欠ける私をみんなが助けてくれた。こんな風になるといいな、と思うことがいつの日かかなっている。

薬屋を始めた時も母はもちろん全面応援してくれたが、起業したことに対しては父も興味を示し、折々にアドバイスをしてくれた。弟を薬大に入学させたのも父だ。

その後も妹のお陰で成功のキッカケがつかめたし、弟のツテで新卒の薬剤師も次々に参加してくれた。熱狂的な西鉄ライオンズのファンだった私の希望を取り入れて、小学校の友達の松井君が作ったオリジナルキャラクター〝ウインダー〟も地域の皆様に馴染んでもらえた。ディズニーランドのような、楽しいドラッグストアを目指して名付けた〝ウインダーランド〟も市民権を得たと思う。徐々に増えていく仲間と協力し、そして大勢の方にご支援をいただいて会社も大きくなっていった。

ＮＩＤというドラッグストアの全国組織に加盟して、同業の先輩や友達がたくさんできた。組織のリーダーもやらせていただいた。突然現れた鈴木さんのお陰で上場企業の一員になれ、1部昇格時の社長も務めた。高田薬局の創成期に社員と語り合った「将来は上場企業になって株価5000円以上を目指そう。そうなればみんな金持ちだ。海の見える丘の上に白い家を建てることができるぞ」、そうなったらいいなあの想いも実現できた。中学から東京に移った時にホームシックになって、将来は静岡に住んで、東京に通うようになれば最高だなあ、と願った事も今や現実となった。

こんな運の良いベストな状況を味わったところで気が付けば66歳、さらなる展開に向けてギアチェンジする時が来た。人類未体験の超高齢社会。どうなっていくんだろう。このワクワクする時代の変化に合わせて地域社会に貢献したい。

今までの時代の中で隠れてしまっている地域の宝物を再発見して、経済活動のレベルで活性化したい。「黄金の団塊世代」の若さと情熱を注いでいきたい。

第2部　高田隆右氏に聞く「超高齢社会にどう挑む」

聞き手
水上　一夫　NPO法人静岡ビジネスサポートセンター理事長
（元・静岡県中小企業団体中央会専務理事）

堺屋氏の〝ご託宣〟「団塊世代が新しい高齢者市場を創る」

元・通商産業省（現・経済産業省）の官僚で、日本万国博覧会を手掛けた後、43歳で退官して作家デビューした1935年（昭和10年）生まれの堺屋太一氏は2005年（平成17年）に出版した「団塊の世代『黄金の十年』が始まる」（発行・文藝春秋）で、「団塊世代は金持ちだ。団塊世代が新しい高齢者市場を創る。団塊の行くところ常に巨大市場を創る」と読み解いた。

団塊の世代とは、堺屋氏よりちょうど一回り下の世代の1947年（昭和22年）から1949年（24年）までの3年間に生まれた人々である。その団塊世代の高齢化を、内閣府が発行している高齢社会白書が大々的に取り上げたのは同書出版から3年後、2008年の平成20年版だ。白書によれば、年間260万人平均で出生した団塊世代の出生総数は約806万人、後に死亡した方を差し引いた平成18年10月現在の人口では約677万人。総人口の5・3%を占める巨大な塊である。国立社会保障・人口問題研究所の「日本の将来推計人口」では、団塊世代が65歳に到達する2012年（平成24年）～2014年（平成26年）には65歳以上の高齢者が年に約100万人ずつ増加することが見込まれるとした。日本が超高齢社会に入ったことを確認した白書でもあった。

白書は触れなかったが、ほぼ定着していた60歳定年制に当てはめれば、実は団塊世代の「定年」はそれより5年前の2007年に到達していたことになる。団塊世代が2007年から「定年の年齢」を迎えるという事実に注目したのが堺屋氏で、そこからが堺屋氏の近未来を予測する力量のすごさである。

堺屋氏は、団塊世代は前3年の世代に比べて32％、後3年の世代に比べて13％も多いこと、「団塊の世代」の定義を出生児数が210万人を超えていた1951年（昭和26年）生まれまで拡大すると、日本総人口の約9％にもなることに着目。「団塊の世代『黄金の十年』が始まる」の中で、5歳刻みの年齢別統計数値を克明に分析した上で、団塊の世代は金持ち、知恵持ち、時間持ちだとの結論を導き出した。団塊の世代が定年を迎え始める2007年をあたかも「暗い時代の始まり」と揶揄《やゆ》する団塊世代お荷物論を一蹴したのだ。

団塊の世代はその時々の年齢に応じて、ハイティーン・ブーム、ヤング・ブーム、ニューファミリーといった市場を創ってきた。次に創る市場が高齢者市場だ。それも高齢者市場と言うと、医療や介護ばかりが語られるが、高齢者の圧倒的多数が健常で意欲的、金持ちだとあれば、明るい時代が展望できる、というのが堺屋氏の読みであった。

注 堺屋太一氏＝大阪府生まれ。東京大学経済学部卒。1978年通産省を退官して作家デビュー。近未来を予測する小説「油断」「団塊の世代」「平成三十年」のほか「峠の群像」など歴史小説、「知価革命」などの経済学書を相次いで発表。1998年7月～2000年12月まで小渕恵三内閣、森喜朗内閣で経済企画庁長官を務めた。

高田氏の挑戦「時代が求める新たな方向へ」

堺屋氏が大きな期待を寄せる団塊世代の一人が、静岡市・静岡浅間通りのいわゆるB級商店街の薬屋さん「高田薬局」を、東証1部上場の共同持株会社まで飛躍させた、高田隆右氏だ。団塊世代の中間の1948年（昭和23年）生まれである。

高田氏は早稲田大学政治経済学部の卒業を目前にした1972年11月、在学のまま24歳で高田薬局を立ち上げた。孤独なアウトサイダー店の家業を創業から36年目にして2008年、イオン系のウエルシア関東と東証2部上場の共同持株会社「グローウエルHD」を設立。悲願としていた株式の東証上場を果たして代表取締役社長に就任。4年後の

2012年、社名を変更して東証1部上場に切り替えた「ウエルシアHD」で2014年9月まで同社長を続投した。

高田氏の今後の動向が注目されるが、高田氏は団塊世代を代表するつもりで、10年先の後期高齢者年齢まで現役で頑張ると宣言。自分自身にとっても最後になるかもしれない大きな転機の〝満66歳〟を新たな起点に、「会社経営から地域活動へ」と想いを募らせている。特にこだわっているのが堺屋氏も指摘していた高齢者の圧倒的多数を占める健常者市場への参入である。

高田氏は、第1部1章の「時代が求める新たな方向へギアチェンジ」で、「時代の根幹が揺らいでいる。〝人類未体験〟の超高齢社会の到来、さらに少子化のおまけ付きだ」と指摘し、次のように主張している。

「健康長寿こそが既存品不要の時代の中で大きく広がる新しい市場となる」

この考え方の背景にあるのは、「迎えた超高齢社会は、必要なモノが充足していて、消耗頻度は下がっているので何も要らない社会であり、これまでの大量消費・大量販売の価値基準に従ったスケールメリット狙いの成功事例はもう通用しない」という高田氏の実体験に基づく時代分析がある。180度方向が異なる時代なのだから、求められるものも、若者中心だった今までの真逆だと思うのが自然だというのだ。

堺屋氏も同じ見方をしていた。堺屋氏によれば、日本には「消費を牽引するのは若者」という固定観念があり、その傾向は団塊の世代が消費市場に加わった1960年代から強まった。ところが、高齢者が増え、若者が減少しているのに、多くの供給者（企業）はかつての巨大な塊（団塊の世代）が若者だった時代に稼いだ〝旨味〟を忘れ難いようで、今でも年々減り続けている若者を追い回している。高齢者需要を喚起できないのは供給者の怠慢だと喝破したのである。

高田氏はこうした状況も踏まえて超高齢者の健常者市場に団塊世代のパワーで挑む決意を固めたのだという。団塊世代のパワーとは堺屋氏が10年前にいみじくも指摘していた団塊世代ならではの底力である「金持ち、知恵持ち、時間持ち」という巨大なエネルギーだ。会社経営の経験も生かすことで、地域の元気な高齢者のお役に立つ活動ができれば最高だとしている。

もう一つが、シャッター通りが多く目につくようになった商店街の活性化策である。ここでも主役に想定しているのが団塊世代のパワーだ。行政との連携で商店街の元気を取り戻せたら、と高田流儀の夢提案を模索している。

高田氏自身が高齢者の一人として生きていく超高齢社会に、団塊世代のパワーでどう挑うとしているのか。インタビューでは、卓越した洞察力で、戦後日本の牽引車と評される団塊世代を克明に活写した堺屋氏の持論を引き合いに、団塊世代の当事者である高田氏が企業人として実体験した超高齢社会までの歩み、今後目指す地域活動への決意を聞いた。

(1) 団塊世代の高田氏が読み解く超高齢社会

堺屋太一氏は、10年前に上梓した団塊世代論「団塊の世代『黄金の10年』が始まる」で、「団塊世代が、また、時代を変える」と予測し、「団塊世代は金持ちだ。団塊世代が新しい高齢者市場を創る。団塊の行くところ常に巨大市場を創る」と持論を展開した。事実、日本総人口の中で突出した巨大な塊である団塊世代は熟年期に入る直前まで、その時々で日本の社会経済活動に強烈な存在感を与えてきた。そして、巡ってきた団塊世代熟年期の超高齢社会は巨大な高齢者市場の創出が想定されている。

新たな転機を迎えた高田隆右氏（左）がこの先を見据え持論を展開する

私たちはモノに憧れて育った

——20世紀文明の特徴である大型化・大量化・高速化時代の真っただ中で物心が付き、物質文明こそ最高と教え込まれ、それを極限まで進歩させたのが団塊世代だ、と堺屋氏は位置付けました。つまり、団塊の世代は20世紀後半、規格品を大量に生産する近代工業社会の頂点に生まれ育ったという捉え方です。

「堺屋氏が分析された通りで、私たち団塊の世代は物資が何もなかった第2次世界大戦後のベビーブームで大量に出生しました。以後、育っていく過程でいろいろ物資を追い求め、それが活力となり、大きなパワーになって、いろいろなモノを創り出していきました。モノに憧れて育った世代です。小学校低学年のころはラジオ。〝赤胴鈴之助〟や、NHKの〝三つの歌〟を聴くためにラジオにかじりついたものです」

「高学年に出現したのがテレビ。プロレス人気でテレビへの関心が高まり、テレビを通してヒーローを求めた時代のピークが皇太子殿下ご成婚の1959年(昭和34年)。新しい道具のテレビが物質文明進化のきっかけになったんですね。すごいと思いました。その後に全盛期を迎えた相撲人気もあって5〜6年でテレビが爆発的に普及し、あっという間にテレビ文化が日本に根付いていきました。テレビは欲しくてたまらない憧れの商品でしたね」

——物質的欲望の時代が幕を開けたということですか。

「一般家庭でもいつの間にか持つのが当たり前になったテレビを通して、茶の間にアメリカの文化がなだれ込んできました。名犬ラッシーに興奮し、冷蔵庫、自動車といったアメリカの家庭・文化にも強く惹《ひ》かれ、いつか、あんな暮らしをしてみたい。アメリカ人の生活に対する憧れの気持ちが一層強まっていきました。それがまた原動力になって技術革新が進み、カラーテレビ、自動車が普及する時代に入っていきます。憧れと技術革新が相乗性を持って進みました。とりわけ団塊世代は10代、20代と加齢するにつれて大量に生産された規格品の買い替えや、さらなる消費をという欲望を強めたことで右肩上がりの経済成長が始まったわけです」

「それはまさに規格品の大量生産時代到来という表現がぴったりでした。物質への憧れを強め、手に入れるために頑張りました。その象徴的な現象が良い学校、良い就職先、良い地位を目指す風潮が全国的に蔓延《まんえん》したことです。私たち団塊世代は年を重ねるごとに豊かになり、楽しくなった。頑張れば頑張るだけモノが手に入る時代が続きました」

――堺屋氏は、同書の中で、巨大な工業製品、乗用車の規格大量生産が一気に世界に広まったのは1914年（大正3年）から始まった第1次世界大戦で、多くの武器や軍需物資の生産で適用された結果、物財の生産量が飛躍的に跳ね上がった。第2次世界大戦を経て20世紀の先進工業国はとてつもなく物財の豊富な状況になったと分析しています。

「そうですね。日本も戦後、年月を経るに従って世界が羨《うらや》ましがるほど物財の豊かな国になりました。勢いに乗って日本はアメリカの象徴でもあるロックフェラー・センターまで買ってしまうほどの急成長に向かった。日本はなぜ、あそこまでアメリカを追い越せたのか。日本の団塊世代のパワーがアメリカに比べて大きかったからだと私は思っています。アメリカでもベビーブームが起きたのですが、出生数は日本の方がケタ違いに多かったのです」

「日本は戦争で負けた分、貧乏でしたので、何とかしようと団塊世代の親たちが頑張ってくれ、そこで大量に生まれた団塊の世代が日本国民の能力の高さを引き継いだ。人間としてのパワーを爆発させた結果だと思いますよ」

バブル弾けて右肩下がりの経済に暗転、モノの売れ行きが失速

――1989年（平成元年）12月、バブル景気が弾けて日本の高度経済成長は右肩下がりに暗転し始めました。

「団塊世代が20代から40代の前半までは右肩上がりの成長が続き、しかも身体は強健、収入も最高に増えていたので、私たちにとっては本当に面白い時代でした。ところが、私が40代半ばに差し掛かったころには、時代は既に大量に出回っていたモノ（規格品）が売れなくなり始めていました。私の時代を読むアンテナは、高度経済成長以降の消費動向を自分の年齢の推移に合わせて実体験してきた世代ですので、自分自身です。読み違えるこ

とはない、と密かな自信を持っています」
「その私のアンテナは、1990年代に入るとモノの売れ行きがガタッと落ちた現象を告げてくれました。デフレの到来を、私は直感で読み取っていました。規格品を大量に消費した若者だったころの団塊世代、それが年を経た年代になっていった。1990年代前後からはモノが売れなくなって当然ですから、デフレになるのも自然の流れだったことになります」

——団塊の世代が壮年期を迎えようとした1990年、バブル景気が崩壊、世界的には20世紀型の規格大量生産時代が終わりを告げました。堺屋氏は、20世紀は1914年に始まり、1989年（平成元年）に終わった「太く短い世紀」だったと振り返った上で、90年代から始まった21世紀型文明は情報化・多様化・省資源化を目指す知恵の値うちの時代、つまり知価社会だと定義しました。世界の文明史の中で見ると、団塊の世代は、モノが価値を持つ近代工業社会と知恵が値うちを持つ新しい社会(これを堺屋氏は知価社会と定義)との端境期の世代と位置付けています。

「団塊世代は、バブル景気が弾けた時、40代前半でした。モノへの執着心は生産と消費両面で依然として強く、規格大量生産の時代が終わるとは想定していませんでしたが、事業を進めていた中で、先ほど言いましたように、私のアンテナは、過去の価値基準が通用しなくなってしまうだろうことを、読み込んでいました。団塊世代の時代は、物資の大量生産の中で始まり、団塊世代が若者ではなくなる40代前半に、モノを必要としない時代に入ってきたわけです。人間は一定レベル以上にモノの需要を充たすと、モノに対する目的意識がなくなるものです」

高田隆右氏

「それが時代の変わり目だったのですね。その後、知恵が値うちを持つ新しい時代が、50代前半にやってきました。2000年(平成元年)のころです。IT革命、バイオ革命という画期的な技術革新が起き、それまで主流だった『モノの価値基準』から、堺屋氏が指摘される『モノではない価値基準』に移行してきて、時代は大きく変わりました」

モノの価値基準を大転換させたＩＴ・バイオ革命
小売業界は〝風〟を読み切れず大量販売にこだわり続けた

——物資を基準に時代の先端を切ってきたのに、不得手な基準が主流になったことで心の葛藤もあったのではありませんか。

「それは確かにありました。新しい価値基準についていけるかという不安ですね。とりわけバイオ革命の衝撃は強烈でした。50代、60代、70代へと加齢が進めば、寿命は確実に縮まっていく。そうした中では命を意識して当然で、物資よりも命や環境の方が大切だとする方向に価値観が大転換しました。現象面ではこの価値基準の変化は既存の経済成長が右肩上がりから右肩下がりへの移行を意味していたのです」

——小売業界の反応はどうでしたか。

「私ども小売業界は体質的に新しい基準への対応を苦手にしていますので、時代の変化をすぐには読み切れなかった。大きいよりも小さく。安くしてたくさん売るのではなく、高品質の商品を少し。売り方はセルフよりも対面接客へ。そのように180度時代のベクトルが変わっていたのに旧態依然たる価値基準で、大量に安く売って稼ごうとした。ところが、規格品を必要とする人が減って消費が縮むのだからデフレになって当然です」

「残念ながら小売業界はこの〝風〟が読めず、かつて大きな店で、利益率が低くても廉価で大量に販売して売上高を競って脚光を浴びた成功体験が、忘れられないでいる。その大量消費の主役だった団塊世代は、もう若者ではない。しかし、団塊世代に代わる若者の出現を期待しても、後輩年代の人口が激減しているのだから無理だ。その事実を無視して、相も変わらず若者を対象にした従来通りの手法では儲かるはずはないですよね。最大の問題点は団塊世代がそれまでの消費動向を先導してきたのと同様に、今度は異なる世代の消費の主役になるという読みが欠けていたことです」

消費動向を決めてきた団塊世代の価値基準は健康願望へ

——内閣府の平成26年版「高齢社会白書」は高齢化の状況分析で、日本の高齢者人口(65歳~74歳が前期高齢者、75歳以上が後期高齢者)は団塊世代がすべて65歳以上となる2015年(平成27年)には3395万人、団塊世代が75歳以上になる2025年(平成37年)には3657万人に達すると見込んでいます。2015年時点での総人口に占める高齢者人口の比率(高齢化率)は27%。団塊世代が60歳に達した2007年(平成19年)の高齢化率は過去最高の21・5%でした。団塊世代すべてが高齢者に加わったことで高齢化率はわずか8年で5・5%も跳ね上がったことになります。〝金持ち、知恵持ち、時間持ち〟の団塊世代が新しい高齢者市場を創る、団塊世代の行くところ常に巨大市場を創るとした堺屋氏の予測通りの流れになっています。

「後続の各年代に比べれば、団塊世代はモノが大量に売れた拡大経済の中枢にいましたので、それなりの蓄えがあります。貧乏からはい上がるために、いかに稼ぐか、儲けるかに夢中に取り組んだ結果、いろんな局面に対応する力も身に付けました。65歳を過ぎれば、一般的にはたくさんの時間も持てますが、こうした特徴を抑えた上で私なりに団塊世代の消費行動を表現すれば、〝団塊世代はお金を使える世代だ。ただし、必要なモノは既に持っている。従って、要るモノかどうかを見極めてから消費行動に入るので、余分なモノは買わない。長寿社会をいつまでも健康で過ごしたいという願望に応えてくれるかどうか、の価値基準で商品を選ぶことになる〟ということになりましょうか」

「団塊世代は戦後日本経済の消費動向を左右してきた巨大な塊なのですから、団塊世代の行くところは、いつでも巨大市場になることは間違いない。今度の高齢者市場も巨大です。高齢者が5年、10年、15年と加齢していく中で、必要とするものは何か。売る側とすれば、年齢層に合わせて売れ筋をきちっと想定しないと、巨大なビジネスチャンスを逃すことになると思います」

団塊世代を含む高齢者を生産人口としてもっと注視すべきだ

――働き手という面からも団塊世代を含む高齢者をもっと注視すべきですね。

「平均年齢とともに健康寿命も大幅に延びた超高齢社会の主役になり始めた団塊の世代は、巨大な消費者の塊であると同時に、生産人口だとも考えるべきです。内閣府の分析では日本の将来人口は年々減り続け、２０４６年（平成58年）には1億人を割るそうで、生産人口（15歳～64歳）の激減が心配されるようですが、働き手として雇用できるお元気な高齢者がたくさんおられるじゃないですか。生産人口が減る、減ると心配することはありませんよ」

「高齢者を新しい経済活動の担い手として法的な制度を整備すれば、自由な時間を持っている健康なお年寄りは人との交流も必要なはずですから、喜んで働いていただけると思います。労働市場としての〝高齢者層〟はまだ手つかずで、新しい価値基準の中で開拓していくことが可能だ、と私は思っています。とりわけ、団塊世代は心身ともに十分頑張れる方々が多い。働き手としても〝黄金の世代〟であり、堺屋氏の指摘通り、〝団塊世代が、また、時代を変える〟ことになると私も確信しています」

――団塊世代の一人として超高齢社会の理想像をどのように描いていますか。

「私の薬局経営の理念は〝不老不死へのアプローチ〟です。人間は老いるし、必ず死ぬ。そうだと分かっていても、人間は少しでも長生きしたいと願う。薬局にもその願いに応える道があるはずだと考えました。薬局経営の中で、お客様が少しでも〝不老不死〟にアプローチできる提案を、と思い立ったわけです。その接客方法が当社の看板になった〝美と健康の夢提案〟というお客様へのサービスで、いつまでも心身ともに健康で長生きしますように、との願いを込めました」

「その理想の方向に、日本人は向かっています。国の資料によりますと、日本人の平均寿命は、第2次世界大戦が終了した直後の1947年（昭和22年）には男女ともに50歳代でしたが、1950年（昭和25年）には女性が、その翌年には男性がそれぞれ60歳を超えた。15年後の1960年（昭和35年）には女性が70歳代、男性も1971年（昭和46年）に70歳代に。そして、厚生労働省が2014年（平成26年）8月に発表した2013年の平均寿命では、男子が初めて80歳超の80・21歳で世界4位、1984年（昭和59年）に80歳代に到達していた女子はさらに延びて86・61歳で2年連続の長寿世界一になりました」

法整備で長生きして幸せだと実感できる就業の場づくりを
高齢者は自分たちが超高齢社会を支える主役だと思え

――長生きしたいという理想郷に近づいているということですね。

「問題は長生きして、なおかつ幸せだと思っているかどうかです。高齢者の皆さんが生きている喜びを実感するのは、これまで蓄えた知力を生かせて、少々足腰が弱っても働ける。そして社会とのつながりをいつも保っている時だと私は思っています。従って、何よりも大切なことは元気に動き回るだけの基礎体力を含めた健康を維持すること。次いで、知恵が値打ちを持つ時代がやってきたのですから、自分の能力を生かす場所はどこかを見極めること。最後に、これは行政への注文になりますが、健康寿命を年々延ばしている高齢者が体力、知力に見合った仕事に就くことができるように法整備を進めてくれれば日本は世界で最も高齢者が活き活きと活躍する国になるはずです」

「団塊世代の仲間たちには、超高齢社会は自分たちが主役だと思え、第二の人生を過ごす場だとは思うな、と言いたいですね。〝生涯現役〟で、国を支えようではありませんか」

――知恵が値うちを持つ時代を生き抜き、間もなく高齢者の仲間に合流する後輩世代に送るエール〝超高齢社会に臨む心得〟を伺いたい。

「団塊世代の仲間に言ったことと同じで、高齢者は超高齢社会の主役だということを強く自覚して我々と合流して欲しい。後輩世代の皆さんは処理能力（知恵）に長けておられる。一方、団塊世代はお金を稼ぐことにこだわってきたので、共同歩調が取れるならば、世界で最も進化した、お年寄りにやさしく、楽しい〝高齢者王国〟を築くことも可能だと思います。時間はたっぷり取れるはずですので、その時に向けて自身が地域、国、地球といかに関わっていくか、貢献していくかを考えておいていただきたいですね」

――健康寿命が年々延びている高齢者を戦力として雇用するシステムを整備すれば生産人口（15歳～64歳）の減少を補って余りあるものがある、と団塊世代の方に指摘されますと、〝騎馬戦型社会から肩車型社会〟などの表現で、少子高齢化の行き先を案じるのは心配し過ぎかなと思えてきます。高齢者が生産人口として労働市場に参入するとなれば、老若男女の役割分担をきちっと行うことで、人手不足感も減ってくるはずですよね。そうなれば、長寿の国日本の未来は、高齢者が支える〝黄金郷〟として輝くのも夢ではない。日本では65歳以上の高齢者を「前期高齢者、後期高齢者」の2段階に分けて呼称していますが、やがて死を待つ〝枯れ木〟を連想して辛気臭い。この機会に、いっそのこと、団塊世代が牽引する65歳以上の高齢者をひっくるめて、通称でもよいので、超高齢社会を支える『黄金世代』と呼んだらどうでしょうか。団塊世代の奮闘を期待しています。

（2）高田氏が実体験した〝黄金の10年〟

「団塊の世代『黄金の10年』が始まる」で堺屋氏がくくった、団塊世代の〝黄金の10年〟とは、60歳より上は人生の実りを楽しみ、味わう秋。特に団塊の世代にとっては、豊かな蓄えと数の圧力で自ら求める商品と流行を創り出し、好きな遊びを楽しめる期間だと設定しました。その上で、団塊世代が「定年の60歳」を迎える2007年（平成19年）から

２０１６年（平成28年）にかけて〝団塊の行くところ常に巨大市場が出現する〟。だから〝黄金の10年〟なのだとしています。

その渦中に、高田氏はいます。２００７年は59歳で、高田薬局創業34周年。２００８年は還暦の60歳で、東証２部上場のグローウエルHD代表取締役社長、２０１２年に64歳で、社名を変更して東証１部上場に切り替えたウエルシアHD代表取締役社長。この後、何歳になっても現役を続けると宣言しました。堺屋氏が予測した巨大な市場の一つである健常高齢者市場への参入も視野に入れていますが、〝黄金の10年〟を実体験する中で見定めた〝次なる10年に成すべきこと〟とは。

前期高齢者は第1期黄金時代、後期高齢者は第2期黄金時代だ

――団塊世代の「60歳から10年間」を、堺屋氏は〝団塊世代の黄金の10年〟と表現しました。蓄えも、知恵も、時間もある60歳以後の団塊世代が巨大な消費人口として、今度は高齢者市場を創造するという期待感が込められています。

「堺屋氏が10年前に設定した団塊世代の〝黄金の10年〟は「60歳〜70歳」の10年ですが、この10年の間に、iPS細胞のような人間の寿命を延伸する革命的な発見や健康増進意識の高まり、健康食品の開発、医療技術、治療薬の進歩などもあって、現実とは5年ほどのギャップがある。どういうことかと言うと、団塊世代の仲間たちの気力、体力、元気さなどから総合的に判断しても〝黄金の10年〟は国が定義した前期高齢者年齢の『65歳〜74歳』に相当すると見做しても良く、65歳〜74歳は第1期黄金時代です。だとするならば、75歳以上は『後期高齢者』ではなく、第2期黄金時代。当然のことながら、そこに巨大な市場が出現します」

「先ほど、65歳以上の高齢者をひっくるめて〝黄金世代〟と呼称したらどうかという提案がありましたが、団塊世代の実感としてはまさに日本の高齢者は黄金世代であり、長寿国日本は高齢者が生産人口になり得る世界に前例のない国になりつつあります。現に、年金支給年齢の引き上げや定年年齢の延長など平均寿命、健康寿命の延びを背景に、世の中は大きく変わり始めています。社会保障制度がまだ壁になっていますが、制度的に高齢者の能力が発揮できるように整備されていけば、高齢者の方々の意識改革も進むはずです。団塊世代の〝黄金の10年〟は65歳〜74歳だと意識すれば、団塊世代の第1期黄金時代はまだ始まったばかりであり、団塊世代の仲間たちと力を合わせることで、団塊世代が先導する黄金世代が働き手として活躍し、しかも自らも巨大な消費者の塊となる高齢者市場を必ず創り出せると確信しています」

――それは、「団塊世代にとって〝暗い時代の始まり〟ではなく、〝新たな市場創造の時代〟の始まり」という堺屋氏の指摘は言い得て妙ですね。

「団塊世代は2012年から65歳以上の第1期黄金時代に入り始めましたが、精神的にはがんじがらめに縛られた社会生活から解放された良さを享受する〝わが世の春〟です。実務の一線から現在の他のポジションに入っていくことはワンランク違うステージに立つことを意味しますが、現役当時にはない規制の少ない中での可能性への挑戦が可能となる。カゴから放されたカナリアみたいなもので、自由自在に飛び回れます。健康寿命も日進月歩ですので、団塊世代は自分自身が衰えていないことを自覚して行動を起こせば必ず新たに創造する市場の主役になれます。団塊世代は65歳からが働き盛りなのですから」

「そのためにも新たな市場を引っ張る団塊世代の基準とは何かにいち早く気付くべきで

すね。巨大な消費者の塊である団塊世代のモノを買う基準は、既に出回っている既存のモノを必要とはしないということです。だから既存のモノで勝負を続けている市場は頭打ちになっているわけで、従来の考え方、品揃えで団塊世代に挑戦しても無駄です。団塊世代が欲しいモノは、これまで手にしたことがないモノですので、それが何かを研究すれば勝負手が見えてきます」

高齢者の若返り願望は底知れないビジネスチャンス

——潜在している需要とは何だと推察していますか。

「例えば、高田薬局が看板としてきた〝美と健康の夢提案〟の若返り市場です。人間の若返り願望は生命に関わってくるだけに強烈ですので、期待に応える提案ができるならば、金（かね）に糸目を付けない価値の高いマーケット。団塊世代の潜在的な需要を掘り起こすことで底知れないビジネスチャンスが生まれてくると思いますよ」

「不老不死へのアプローチということになりますが、整形美容、かつら着用など外見も含めて若返りに向けた商品開発にはまだたくさんのタブーがあります。これを打ち破ることを含めて潜在化している若返り需要を一気に顕在化させることができたら、すごいことになります」

――団塊世代の創業者が率いる高田薬局は〝黄金の10年〟の間に劇的な展開を見せましたね。

「21世紀に入ってからの高田薬局は、成熟していく中でマツモトキヨシとの業務提携解消、ウエルシアとの共同持株会社設立など大きな変遷がありましたが、日本一を目指す原点からはぶれることは全くありませんでした。悲願とした東証1部上場は単独なら確かにベストだったに違いありませんが、限られた時間の中で目指したので、共同持株会社であっても上場を果たせたことに感謝しています」

――〝黄金の10年〟の歩みを教訓に、次なる10年はどんなことに挑みますか。

「いかなる挑戦になろうとも日本一を目指す方向性は堅持していきたい。勝ち抜けるかは世の中との関わり合い方次第になりますが、経済活動を通して地域の方々との結び付きを深めて、おこがましい言い方をさせていただくならば、地域への貢献活動に近いところまで踏み込んでいきたい。中途半端では成果を挙げることはできないと思うからです」

「従って、やるからには性根を据えて取り組みたい。具体的には、①満66歳を転機に、会社経営の経験を生かした地域活動②健常高齢者の需要掘り起こし③シャッター通りが目立つようになった商店街を団塊世代のパワーで元気を取り戻す提案をしていければと思っています」

（3）66歳の転機「会社経営から地域活動へ」

地域活動の価値基準は経済活動
明確な目的のもとで実行し、成果を挙げている大道芸が見本だ

――前期高齢者の仲間入り後も、なお意気軒高。少なくとも10年先の後期高齢者年齢までは現役で頑張る、と宣言しました。

「私個人としては生涯、黄金世代だと思っていますので、アクセルは踏み続けます。〝会社経営から地域活動へ〟と言いましても、地域の活性化と同時に、経済活動を通して私自身の活性化の道も探り続けますので、気持ち的にはこれまでと全く変わりません。活性化の源は、にぎやかしではなく、理に適《かな》った方向性を堅持した経済活動ですので、会社経営と地域活動の線引きはせず、今までと同じように、ぶれないで行動していくつもりです」

「この場合の〝理に適った方向性〟とは、〝モノが価値を生んだ基準〟から〝モノではない創る知恵が価値を生む基準〟に時代が変わったのですから、それに沿った道筋で経済効果を挙げることを意味します。例えば、静岡市の名物行事になった大道芸。単なるにぎやかしではなく、あの絶妙なる演出で市民全体を巻き込んでいく波及効果をお金に換算する

と莫大な経済効果としてはじき出すことができます」

――仕掛けたからには獲物を捕ってくるのは当たり前のことですよね。

「イベントはボランティアで参加した人たちが楽しければ良いというのであるならば、にぎやかな割には中身のない一過性の遊びで終わってしまう。イベントは大道芸のように明確な目的のもとで実行し、成果を挙げて初めて経済活動となるわけです。議員の皆さんの票を集める活動も経済活動ですね。票を取り、当選しても民意に沿う活動をせずにいたら、それは経済活動ではなく、票集めだけを目的にした、まやかしのイベントということになります。私のイベントの良否を見極めるポイントは経済活動になっているかどうか。この価値基準で地域活動に臨むつもりです」

――高田薬局のドメインは静岡市をホームグラウンドとする静岡県中部地域です。事業経営者にとって、地域とはいかなる存在でしたか。

「お店になじみ、信頼していただいたら〝1000人力〟の援軍。そんな存在ですね。高田薬局はお客様一人一人と丁寧に会話を重ねて商品を理解していただく推奨販売の接客方法を取ってきました。口はばったいことを言うようですけれども、この流れの中で、お客様にも忌憚《きたん》なくご提案していただき、こちらも素早く反応を続けるうちに、とても良質で、レベルの高いお客様がたくさん増えました。お客様と一緒に商品を育てていく環境が出来上がったのですから、事業経営者にとって、これほど強い味方はいません」

「とりわけ、静岡市を含めた静岡県中部のお客様からは、地域ならではの究極の提案をいろいろいただきました。私どもが〝こうしたいな〟と思っているイメージ通りの提案も多く、他店のお客様よりも一歩も二歩も進んでいたと評価しています。やりがいのある地域の仲間、ということになりましょうか。地域の皆様の信頼を得ることができましたのは、商品を大量に安く売るのではなく、お客様個々を見据えて、合理的ではなくとも、これから必要とするモノをしっかりと説明していく手間の掛かる商いを飽きることなく続けてきた成果だと思っています。静岡県中部地域がホームで本当に良かった」

地域の自立とは地域が豊かになること
行政と地域が一体化した経済活動で実現可能だ

――大学に在学中に事業を興してから40年。超高齢社会ではまだ働き盛りの満66歳。〝黄金世代〟の入り口ですが、これを大きな転機と捉えて、故郷静岡市でどのような地域活動を目指すつもりですか

「〝地域の自立〟に挑んでみたいですね。切り口は先ほどから話していますようにすべて経済活動。これをベースにしなければ今の世の中、成立しないと思います。私の悪い癖で言い過ぎかもしれないですが、甘い汁を吸うためには国、地方を問わず行政の管理下で保護されるのが一番だとの風潮があります。行政におんぶで抱っこの体質が蔓延しているから行政が一番偉いということになってしまう。しかし、行政は借金まみれ。頼るだけでは危険だと自覚すべきです。太陽光エネルギーや介護の基準が唐突に変更され、関わった方たちがパニックに陥った直近の事例でも明白なように、行政にだけでは責任を負い切れな

い時代になっています」

「そうは言っても、地域の住民が安心して暮らしていくためには、最終的には行政に頼らなければならない。だとするならば、行政が安定感を持ち、豊かにもなっていただかなければなりません。では、行政主導で地域も豊かになるためにはどうするか。税金の負担では賄い切れないので、行政を中心に地域が一体化して、地域が豊かになる経済活動を展開していったらどうか、というのが私の提案です」

――ポイントは何ですか

「行政のリーダーシップ。一般的に公務員の姿勢には、〝民が動けば官は支援するよ〟といったようなイメージがありますが、今後それでは機能を果たせないと思います。ぜひリーダーシップを取って市民生活の先頭を走っていただきたいです。公務員の方にも経済活動への熱意を持っていただけたらと思います」

「つまり、官民一体の経済活動としては行政（役所）＝会社と考えた方が分かりやすいかもしれません。そうなれば、公務員の方々は社員なのですから可能な限り現場に出て営業マンとなり、私たちと一緒に地域ぐるみの豊かな経済活動を目指す牽引車になっていただきたいですね。公務員が動くことになれば、住民もボヤボヤしている場合ではなくなる。知恵が値うちを持つ時代なのだから、役所を株式会社に仕立て上げるような知恵を出し合って官民一体で稼ぐ方法を編み出せば良い。そんな地域に変身するような活動にのめり込んでみたいですね」

——会社経営から得た地域活動のポイントは何ですか

「地域の現状をまず的確に把握することですね。薬局を立ち上げた商店街を含めて静岡市内のたくさんの商店街を〝地域〟という大きなくくりの中で捉え、60年近くにわたって栄枯盛衰を見てきました。率直に言って衰退一途です。ただ、時にはびっくりするほどの人が集まってくる。私の本拠地、静岡浅間通り商店街で見れば、浅間神社での新年初詣、4月の廿日会祭、6月30日の輪くぐりと3つの大きなイベントがありますが、最も地域的な輪くぐりに地域の皆さんがどっと押し寄せて、通りはびっくりするほどの人であふれます。このように潜在能力はどの商店街にもあるはずですから、経済効果をもたらすような仕掛けを見つける眼力があれば商店街は必ず復活します。企業経営と同じで、地域の活性化も〝経済活動の視点〟でアプローチすれば突破口を開くことができるはずです」

県都活性化は〝家康ブランド〟の徹底活用で日本一の隠居所で金持ち、仕事持ちの黄金世代の定住を促す

――経済活動の視点からどのようにアプローチしていくのですか。

「2015年（平成27年）は400年前、駿府の地（現在の静岡市）で徳川家康公が大御所政治で江戸に次ぐにぎわいの都市を作った功績を讃える400年顕彰祭が盛大に行われますが、折角のチャンスですから〝家康ブランド〟を静岡市全体の地域興しにつなげるように徹底活用したらどうかなと思います。家康公ゆかりの地は出生地の岡崎市、出世城の浜松市、大御所政治の静岡市の3カ所がありますが、家康公が一番活躍したマチはどこか。それは徳川時代265年の平和社会創りの基礎を固めた大御所時代の静岡市だと思います」

「家康公が大御所政治の舞台として選んだ静岡市は東京と名古屋という二つの大都市の中間地。立地の良さに加え、中心地では厳冬でもポカポカ陽気で雪かきゼロの温暖な気候、豊かな食材、穏健な人柄、海と山に囲まれた恵まれた自然環境など、身びいきの分を差し引いても住んでみたくなる条件を備えた全国ピカイチのマチです。家康公の慧眼《けいがん》にはただただ驚くばかりです」

――静岡市は〝隠居所〟だと陰口をたたかれています。

「気にすることは全くありません。逆に隠居所で大いに結構じゃないですか、と胸を張って日本には二つとない隠居のマチ創りに挑む。他の都市と差別化するためにも東海道のど真ん中に、家康公もびっくりするような、ゆったりと暮らせるマチを整備すべきです。65歳以上の黄金世代にとって羨望の〝終《つい》の住処《すみか》〟に創り替えるとなれば、特に、金持ち、知恵持ち、時間持ちの団塊世代には堪《こた》えられません」

「それに、団塊世代を含めた元気な黄金世代は〝仕事持ち〟でもあるので、家康公が江戸と比較しても遜色ない機能を備え付けたように、静岡を戦略基地にして世界を相手にしたビジネスを展開していただくというのも大きなアピールになる。黄金世代が仕事を持って集まってくるとなれば、全国の若い世代も注目して静岡市にUターン、Iターンし、老若男女が一緒に働く環境が整うことになるでしょう」

「ただし、今のままでは駄目です。受け入れ条件をいかに整備するか。その条件〝それでは、可能性いっぱいの次世代の若者たちと共同で新しい形を創っていこう〟と評価されれば、黄金世代を先導役に、若者も参入して育む日本一、もっと言えば世界一の創造的な理想郷になるのも夢ではない。これ、すなわち、〝家康ブランド〟を徹底活用した静岡の地域自立案です」

――高齢者が地域貢献する場合のポイントは何だと思いますか。

「行動すべてをボランティア活動に閉じ込めるのではなく、地域を豊かにする経済活動だと意識することではないでしょうか。老人の時間つぶし、暇つぶしだと考えては絶対にいけない。例えば、遊休公有地などに家庭菜園を設置して高齢者に利用してもらうイベント。これを単にお年寄りがおしゃべりする催しだと考えるのではなく、経済活動だと位置付けて役所の職員も参画し、損得勘定をはじき出せば良い。そうすれば、参加者に報酬を支払うために、いかに利益を出すかを工夫することになる。高齢者側もリーダーに頼ることなく、例え、お小遣い程度の報酬であったとしても労働の対価をいただくことになるわけですから、自分がどんな役割を果たすべきかを意識して行動するようになってくる。家庭菜園もまた地域の自立に連動してくるはずです」

（4）健常高齢者の需要を掘り起こす夢提案

行政主導で民間を取り込んだ健康サポート事業展開を
柱は健康チェック、食生活改善、運動推進の3本

――堺屋氏は、団塊世代を軸にした超高齢社会が次に創る市場は高齢者市場であり、そ

れも圧倒的な数を擁する意欲的で、しかも金持ちの健常高齢者市場だと予測しています。医療、介護の対象となる高齢者市場は巨額の経費が必要になるので行政が主導、健常者の健康増進は民間の知恵とエネルギーが必要なので従来通り行政との連携で民間が牽引する棲《す》み分けが想定されます。どのように対応していくつもりですか。

「健常高齢者の需要を掘り起こすためにも行政主導で民間を取り込んだ健康サポート事業（健康チェック、食生活改善、運動推進の3本柱）を強力に展開していただきたいというのが私の提案です。その際、特に留意すべきことは、高齢者の一番の関心事は健康問題。つまり、健康を害するかもしれない不安をいつも抱えているので、健康を維持する仕組み、病気になった時は症状を早期発見できる仕組み。この2つの重病にならないための健康チェックに、食と運動を絡めたサポート体制の確立が最も肝要です」

「既に健康を害している方たちを対象にした医療主導の地域包括ケアもとても大切ですが、対象となる65歳以上の高齢者の圧倒的多数が健常者だということを考えれば、最初に手掛けるのは高齢者がいつまでも健康で安心して暮らしていけるように健康チェックの仕組みを設けることです。まずは地域の医療機関と検査機関にご協力をお願いして、誰もが、いつでも、安価に、身近に配置された施設で利用できる健康チェックの仕組みを作るべきだと思います」

――ひと口に健康チェックの仕組みと言いましても、とても難題です。

「そうでしょうか。行政が主体者としてリーダーシップを発揮し、仕組みを作り上げることができれば解決します。役所がお膳立て（乱暴な表現で言えば、〝胴元〟になる）し、行政主導の思い切った行動をすべきです。民間の医療機関と検査機関に協力を求めて簡便式の人間ドッグのようなものを創り出したらどうでしょうか。原則全員参加（既に他の機関で受診していた方は証明できれば当然はずします）です。時間も費用も一般レベルでも負担できる画期的なものでなくてはなりません」

「住民の代表として行政が責任を持って奨められるものになるのは当然です。全員参加のやり方など細かい方法は前向きに考えれば解決すると思いますが、ダメダメをやっていると、新しい時代が必要とすることは何もできない。だから強い指導力が行政には必要です。大量の住民が参加するので民間にとっても採算ベースに乗るはずです」

「そこで、胴元としての行政へのロイヤリティー支払いが起こります。十分な経済活動です。そして、一番大切な健康確認の仕組みができて一石二鳥、指定業者制にして民間の利益を保護する必要もあると思います。その場合も選定基準の明確化、選考過程など情報開示は必須の要件になります」

――この仕組み作りの前提条件になるのは何ですか。

「今後、地域の方が安心して暮らしていくために牽引車の地域行政が豊かになることです。豊かになる方法は行政を中心に地域ぐるみで経済活動を行うこと。さらに経済活動により豊かになっていく行政とともに民間、そして地域住民がそのベネフィットを実感できる、そんな仕組みになっていれば住民参加の勢いも増してくるはずです」

「行政が場面によっては地域の方以外には不平等になってしまうかもしれないほどの強い指導力、行動力を発揮する必要があると思っています。そのためには成すべき優先順位を明確にすることと、その内容および進捗状況の情報開示を徹底し、住民に十分な理解をしてもらうことが大切です。それがあれば、思い切ったことができるし、地域の人々を幸せにする憧れの静岡市の誕生も現実のものとなるはずです。健康チェック、病気の早期発見チェックは地震中心の災害対策と双壁を成すもので、命に関わる静岡市民にとっての最重要課題だと思います」

「これが地域を限定した、受益者である静岡市民である官民一体型の経済活動として運営されていけば、その後の地域活性化活動のモデルになります。なぜ、行政の関わりが必要なのか。官民の合意の上でシステムを作るにしても、医事法などによる規制緩和問題も絡んできますので、行政が前面に出て対応する政治的解決を要する〝改革案〟でもあるからです。それに、行政の号令とあれば、民間も意を強くして必ず参入する事業者が出てきます」

仕組みのモデルはフランチャイズ・チェーン（ＦＣ）方式

――どのような仕組みを構想しているのですか。行政が絡んだ〝商い〟と言われますと、役所は腰を上げにくいでしょうし、疑念を招かないためには官民の合意と、公平性、透明性、徹底した情報公開が求められます。

「当然のことで、官民で設置する協議機関で万全を期すのが前提です。参考にできる手法としては流通業のビジネスモデルの一つでありますフランチャイズ・チェーン（ＦＣ）方式があります。ＦＣでは権利やノウハウなどを提供する側を本部、受ける側を加盟者・加盟店と呼び、本部に加盟店が対価を支払う約束をして成立する事業契約です。ただし、すべてを真似るわけではなく、導入するのは事業を進める流れです」

「ＦＣの本部に該当する民間事業者を行政の号令のもとで公募。役所が適切と判断した業者にお墨付きを与え、その業者と役所で地域住民総参加の経済活動として成り立つ仕組みを作り、地域住民の誰もが、いつでも身近な施設で、安価に利用できる健康チェック施設を設置するというのが私の提案です。施設の内容は簡易人間ドッグということになりましょうか」

――行政主導の経済活動として収益を上げる仕組みを作り、公費の投入なしで採算を取るということですが、役所が発注し、受託した事業者が事業で得た利益から適正額を役所に対価として支払う流れはどのようになりますか。

「FC本部に該当する役所のポジションを仮に〝健康サポート対策本部〟、と呼ぶことにします。対策本部が公募で選定した事業者は実施本部と位置付けます。役所から実施本部業務の発注を受託した事業者はFCの加盟者・加盟店に該当する事業者を選んで業務を委託し、後は契約条項に沿って対価の還元まで流していくことになります」

「この事業のメリットは行政も民間もともにウイン・ウインの関係になることです。お目付け役の役所にとりましては健康サポート事業を推進することで①高齢者がいつまでも自立していけるようになれば医療費、介護費の軽減につながっていく②事業が軌道に乗れば事業者からの税収増も期待できる③元気な高齢者が働き手になることも考えられるので、こちらからも税金を徴収できる。一方、民間にとりましてはビッグビジネスの好機になります」

――先ほど、会社経営体験から得た地域活動のポイントの中で、金持ち、知恵持ち、時間持ちの上に、仕事持ちでもある黄金世代が、400年前の家康公のように静岡市を戦略基地に選んでビジネスが可能になる地域自立案を提示しましたね。健康チェック施設の設置は健常高齢者の需要を掘り起こす前段として、まずは高齢者市場をリードする黄金世代を取り込む方策の一つなのですか。

「それもあります。健康で、安心して暮らせるノウハウが詰まったマチに仕立て上げることが日本一の〝隠居所創り〟の一丁目一番地だからです」

――だとするならば、かなり濃密に施設を配置しなければなりませんね。

「高齢者の方々が気軽に利用できる身近な施設というのが条件になりますので、例えば静岡市ならば、実施本部事業者（仮称）は葵区、駿河区、清水区の区ごとに最低でも1事業者を選定する必要があると思います。後ほど補足説明しますが、健康サポート事業は健康チェックとともに、高齢者の健康維持に重要とされる食生活改善、健康を保持する運動推進と合わせた3つの分野で構成すべきだと思っています」

この挑戦は一種の〝地域囲い込み経済〟の展開
成否は官民が発想を大転換できるかで決まる

――いろいろ利害関係が絡み、ハードルが高そうですが、実現に持ち込む〝秘策〟がありますか。

「一種の〝地域囲い込み経済〟の展開になりますので、行政、住民を含めた地域ぐるみで発想の大転換をしなければ多分、実現しません。でも、本気になれば、やれないことはない。私の提案は、地域で囲い込む経済活動という考え方を導入したものですが、当面対象とするのは、冒頭提案しましたように簡易人間ドッグともいうべき健康チェックに加えて、食生活改善、健康を保持する運動推進の3分野です」

「事業の実施は行政のお墨付きを得た民間事業者の裁量に任せ、人件費を含む施設管理運営費も税金の投入がなくとも成り立つように、民意を十分聞き、情報もすべて公開した上で官民の知恵を集めることができれば、役所も住民も納得していただける〝地域囲い込みの経済活動システム〟を構築できるはずです」

――３分野の健康サポート施設が高齢者の通える範囲内に設置されれば、そこは地域コミュニケーションセンターそのものとなります。高齢者が〝いつでも、気軽に、身近な施設で利用できる〟が看板ですので、３分野ともに経済効率を配慮しつつも、設置する箇所数は可能な限り多いのが理想ですが、事業費用が膨大に膨らむ恐れがあります。

「活動拠点は施設を新設するのではなく、既存施設の活用を公募の条件としますので心配ありません。健康チェック施設は医療機関や検査機関、食生活の分野ではスーパーやコンビニなど食料品を扱っているお店や料理教室ほか、運動の分野も公民館やスポーツクラブなど既存既設総動員で対応する。利用可能な施設は何でも活用することにしますので施設が足りないという事態は回避できるはずです。これらの組み合わせで、高齢者の健康寿命が延びれば、巨額を要する医療費・介護費用の軽減につながっていきます」

――それほどまでに健常高齢者の健康増進に、こだわる理由は何ですか。

「今、お話しましたように、高齢者の健康寿命が延びれば巨額の医療・介護費用が軽減できるということが国の分析データなどで判明しているからです。最新のニュースでは２０１４年12月29日の朝日新聞が、『健康状態に問題がなく自立して暮らすことができる期間を示す健康寿命を長くして、介護が必要な人を減らすと、10年間に5兆～2兆円程度の医療・介護費用が節減できる』と報じました。厚生労働省研究班がまとめた推計ですが、研究班によりますと、歩行や食事に何らかの支えが必要な〝要介護2〟以上に介護が必要な方が1年に1％ずつ、10年で計10％減ると5兆3千億円、移動などに部分的な介護が必要な〝要介護1〟だと2兆5千億円の節減になるそうです」

「1年間にすると、計算上は平均して前者は5291億円。後者で2491億円の節減になります。このため厚労省も健康寿命を延ばして、介護が必要になってから死亡するまでの期間を縮めるため生活習慣病の予防、がんや認知症の早期発見などを推進している（朝日新聞）わけで、健常高齢者がいつまでも健康維持できる官民一体のサポート体制を1日も早く確立すべきなのです」

お達者度アップに〝高齢者も働きましょう〟運動興しを役所は会社。公務員の皆さんに期待される先導役

——そう言えば、静岡県は2014年8月に、65歳以上をスタート年齢として要介護2度以上にならない期間を示す『お達者度』を公表しました。この中で、民間が「超高齢者が健康で長生きしていくための新しい分野」を担うことが可能だとするヒントを示していました。

「介護の手を借りなくても自力で生きたいとする高齢者の健康増進への欲求は強まるばかりですので、その手助けとしても民間とすれば当然、健常高齢者市場への参入は待ったなしだと考えるべきなのです。お達者度上位の市町に共通する特徴は『正しい生活習慣や摂取食品の質向上、運動推進、社会との交流促進』が他の市町をはるかにしのいでいたというデータもあることですし、お達者度が上位の市町の活動を参考にしつつ、健康維持のためにも身体の衰えを吹き飛ばす〝働きましょう〟運動を興すことも一つの方法ですね」

「健康な高齢者の皆さんがこぞって働く環境を整備することで、税収も増えて財政を潤

すことになる。黄金世代の隠居所整備は静岡市にとっては格好の〝働きましょう〟運動の起爆剤だと私は思います。成功させるためのポイントは先ほど提案させていただきましたように行政が意識改革して音頭を取り、民間と組んで突き進むことだと思います」

「地域の自立で指摘させていただきましたが、役所は会社だと見なして、公務員が社員としてマチに飛び出せば、住民は必ず一緒に行動するようになります。公設の家庭菜園であっても〝高齢者が長く生きていく仕組み〟の経済活動として損得勘定のもとで仕切っていくことになれば、金持ちの団塊世代は傍観しません。使えるお金があるのですから、趣旨にさえ賛同すればカネの投入を惜しみません。地域との一体化、行政との連携で、〝いつまでも働きましょう〟運動を普及させたいものです。そのプロセスで、民間業者はいろいろ知恵を出しますので、健常高齢者の新たな需要を掘り起こす夢提案が必ず顕在化してくるはずです」

——第1部1章の「時代が求める新たな方向へギアチェンジ」で、「長寿になることとイコールお達者度アップだけで済まないわけで、病気・介護に対する負担はますます重くなってくる。国の負担で成り立っている分野だが、既にカバーしきれなく、年々国民へとその負荷が移されつつある」という指摘もしています。

「高齢者はどなたでも健康で、自宅で過ごすことが理想ですが、加齢するほどに衰えてくる体調を、どうやって補完するか。民間に任せていただくのが良いと思いますが、医事法などの規制問題もありますので、繰り返しになりますが、カギを握る仕組み作りについては官との連携が絶対に欠かせません。仕組みができれば、民間が動きます。潜在している需要を、いかに顕在させるかにも絡んできますが、例えば、栄養強化食品とか栄養補助食品と呼ばれているサプリメント。かつては病気の時の栄養補給が主でしたが、今では不足している栄養素を補って健康的な生活を送る食品として多くの方々に利用されています」

――サプリメントの人気は異常とも思えるほどですね。

「私ども業界にとりましても想定していた以上ですが、現在では日本国民の70％以上が何らかの機能食品やビタミン剤などのサプリメントを愛用しています。日本は世界に冠たる超高齢社会になったことと、欧米型の食生活化に伴う生活習慣病など問題点を抱えていることは事実ですが、いつまでも長生きしたいという願望が高まる中で、それに応える新たなサプリメントの開発を業界としても急がなければなりません」

「そうした折、2014年12月に内閣府消費者委員会が実験データなどの根拠を届ければ国の許可なく食品の効能を表示できる新制度について了承する答申を行い、消費者庁は2015年春にも新制度のガイドラインを導入することになりました。新制度は栄養ドリンク(医薬品を除く)やサプリメントを含む全食品で実験データや論文などの根拠を消費者庁に届ければ、国の許可を得ずに〝肝臓の働きを高めます〟〝目の健康をサポートします〟といった表示ができるようになります」

——安全性を徹底するための行政の態勢が強化されます。

「当然のことですが、消費者にとりましては食品を選びやすくなると思います。新たな需要が想定されますので、業界では需要のさらなる掘り起こし競争が始まると思います。現在、お医者さんはサプリメントの販売ルートに入っていませんが、お医者さんも販売できる方向で規制緩和が検討されていますので、近い将来、市場は大幅に拡大していく可能性性があります。サプリメントは無限に広がる夢の市場です」

（5）団塊パワーで商店街が元気を取り戻す夢提案

復活への王道は地域の方が来たくなる、来る必要のある店作り
行政に期待する〝より民間に近い位置〟での積極的介入

――高田薬局はいわゆるB級商店街生まれですが、多くの地方の商店街ではシャッター通りが目に付くようになっています。商店街の現状をどのように評価していますか。

「既に申し上げましたように、私が見た限りでは静岡市だけではなく静岡県内の多くの商店街も軒並みに衰退一途で、特にここ数年は衰える角度がさらに急になっています。後

継者が少なくなったという少子高齢化社会特有の現象もあるわけですが、どの商店街も立地条件には恵まれていて、潜在的な集客能力があるにもかかわらず、〝老舗のない商店街〟が増えてしまったのは残念としか言いようがありません」

「なぜ、元気が出ないのか。長期低落傾向で活力が落ちているのは住民の方よりも店の経営者が老齢化し過ぎているためで、厳しい見方になりますが、新しい経営者が出てこなければ将来性はなく、このまま多くの店が自然消滅してしまう恐れもあるような気がしてなりません」

「ただ、多くの商店街で集客の潜在力があるという事実に着目すれば決して悲観することはありません。瞬間的に終わってしまう単発の仕掛けでは駄目だけれど、地元神社の輪くぐりイベントのように、ベースとして〝お客様が来たくなる必然性のある場づくり〟がセットできるなら、商店街は元気を取り戻すことが可能です。王道は、地域の方が来たくなる、来る必要のある要件を整えた店を作ることで、きつい表現になりますが、〝枯れ木〟には花は咲かないのが自然の摂理でしょう」

――商店街が息を吹き返すために成すべきことは何ですか。

「行政の出番だという要望が根強いですね。役所が絡むとしたら、民間がやることを後方から眺めているのではなく、より民間に近いポジション、つまり不動産業者か、外部から新しい血を引っ張ってくる誘致業者の立場で支援に乗り出せば、たくさんの商店街が復活するのではないでしょうか」

「手法としてはフランチャイズ・チェーン（ＦＣ）方式です。ＦＣが適用される業態は小売業のほか不動産業からサービス業に至るまで多岐にわたっていますが、親会社が不動産業だからこそ成立しているＦＣ方式の小規模店が数多くある。商店街対策では個々の店は規模が小さいので、なおさらのこと、束ね役として行政がＦＣ本部に該当する親会社のような立場（例えば、空き店舗再生対策本部）で、空き店舗の再生を仕切る〝胴元〟的な役割を果たすべきだと私は思っています」

動機付けで高田薬局が空き店舗10店舗を借用して再生に挑戦

――〝行政が胴元に〟の主張は健康サポート事業構想と同じように役所がお膳立てして

先導すべきだと言うことですね。

「普通に考えると過激で無茶な提案ということになるでしょうが、行政が音頭を取って空き店舗対策を積極的に進めるような姿勢を明確に打ち出さない限り、少子高齢化の中での商店街の起死回生は難しい。民間に自力で再生しなさいと言っても、助っ人として名乗りを上げる方はいないと思います。行政が〝よし、やろう〟と号令を掛ければ、乗ってくる事業者も出てくると思いますよ」

「しかしながら、現在はまだ行政が前に出ていない。なので、提案した私が一つの動機付けとして、自分が立ち上げた高田薬局の発祥地静岡市で空き店舗をまずは10店舗借用して、その再生を実現してみたい。運転資金を含めてすべて私がやり繰りします。うまく軌道に乗せて、役所がリスクを懸けてでも〝胴元〟的な役割を引き受けるのがベストと判断していただけることを願って、浅間通り商店街で空き店舗を所有されている方々のご協力が得られますように努力して、必ず挑戦してみます」

——空き店舗対策はやはり行政の強力な指導がなければ無理なのでしょうか。

「空き店舗は、経営者が自力再生は無理だと判断した結果ですので、再生させるためには何らかの形で強力にテコ入れをする必要があります。その武器が良い意味での〝行政の介入〟だと私は思います。商店街復活の前階段として空き店舗活用を行政の重要施策に位置付けて、空き店舗の再利用を名乗り出た方に〝利益のうち適正額を役所に対価として還元すること〟を条件にお墨付きを与えて商いを成立させるのです。再生を託す業者を決めるのは役所。仕組みはすべて健康サポート事業構想と同じやり方です」

――お墨付きに、いかなる特典を想定していますか。

「例えば、行政のお墨付きを得て空き店舗を含めて商店街の再生に挑む事業者向けの特典付き〝お買い物用の共通カード〟を発行することもあり得ます。市の財政が豊かになること、そして事業者が頑張れるための地域囲い込み経済活動なので地域の人々がメリットを感じて優先的に利用してくださる仕組み作りはとても大切です」

「これは商店街だけに限定するのではなく、地元産業全体を見据えての行動にすべきですが、競合他社（または他店）と比較して利用に値する、同等レベル以上の要件を整える必要があります。一点集中の切り札を作る、アピールするなどの異なる基準の特徴を磨き上げる手法もあります。地元消費者、経営有識者なども参加する官民協力し合う行政主導の指導体制を作り、合格レベルに達したら静岡市推薦のお墨付きを与えるのはどうでしょうか。囲い込む地元店舗（企業）には例えば、認定家康マークを貼り、お墨付き店舗（企業）にはゴールド家康マークで差を付けると向上心が増すし、利用者側の興味もひきます」

再生事業者に付与するお墨付きの特典は買い物共通カード〝家康カード〟

――利用者側のメリットは何ですか。

「ヒントは静岡銀行の『オールエス』カードです。家康ポイントカード（仮称）を作ります。そのカードは利用者にとっては他カードと同じ使う度に静岡市に対してもポイントが付与されます。それが静岡市を豊かにする財源になるわけです。市民へのメリットを具体的な計画と、その実現に向けての到達メリットで示し、その達成可能度合いを即時性を持って大々的に情報開示していけば意識が高まるのではないでしょうか。静岡県の中心商都静岡活性化の起爆剤になるインパクトはあると思います」

――健常高齢者市場の掘り起こしに連動した商店街の活性化活動だと推察しますが、それは持論としている団塊パワーで商店街の元気を取り戻すということですか。

「空き店舗所有者のご協力が得られればという条件付きですが、静岡市で考えている10店舗は団塊パワーによるモデル店舗としてオープンさせたいと思っています。私が目論んでいるのは、ローリスクで参加できて、頑張ればハイリターンの運営です。また、業務に関わる方はすべて団塊世代に限定するつもりもありません。65歳以上の黄金世代も対象になりますし、若い世代との共同経営も容認する。本気で取り組む意欲さえあればご協力いただく方は老若男女を問いません」

契約条件はコンビニ方式。資本不要、少人数経営。
江戸に次ぐ賑わいを見せた400年前の駿府のマチ再生を目指して

——お店をお任せする契約条件はどんな形態になりそうですか。

「コンビニ経営の手法を参考にしたいと思っています。資本不要。少人数で参加できる仕組みをイメージしています。経済活動ですので、私も赤字を出さないようにきちんと対価はいただきますし、お店を経営してくださる方が利益を出すように指導にも万全を期します」

——薬局経営から一転して商店街復活に向けた闘いを自ら課した感じですね。どこに魅力を感じているのですか。

「家康公が400年前、学者や僧侶など当時の知恵者の力を全国から結集して興した日本を代表する創造的都市〝駿府のマチ〟を現代に蘇らせてみたいと思ったのが動機です。

往時の96カ町の町名がそのまま残っていますが、その特徴的な存在の商店街を家康公がどのような発想で創り、いかなる品揃えで、どんな利用のされ方をしたのか。起源を遡《さかのぼ》って俯瞰《ふかん》することで現在の商店街と比較し、今でも通用する潜在需要があるかをはじき出してみたい。魅力の引き出しがいっぱい詰まっていると思うと、楽しくなってきます」

「それに、静岡市の商店街の良さは、駿府時代の96カ町のみならず、清水市と合併したことで清水、興津、由比など東海道沿線の地域に根差した、魅力的な商店街もたくさんあることです。世界遺産の三保の松原、清水次郎長、国際貿易港清水港、日本屈指の深海である駿河湾などを背景に、どのような歩みをしてきたか。静岡市内の商店街との関わり合いで相乗効果を出す方策があるかなどもまだ分からないことが多過ぎます。関係者の皆様方と一緒にじっくりと解きほぐしてみたいですね」

「超高齢社会に入った中で、住んでおられる高齢者の方々が必要としているものは何か。ニーズを徹底的に調べ、受け皿となるお店を出すことができれば最高です」

――地方自治体が〝経営感覚〟を持ち、官民一体の「地域囲い込み経済」の仕組みを作り出すことができれば画期的ですね。ありがとうございました。

あとがき

この本はこれからに向けての決意表明本です。

現在66歳。24歳の時、いい加減な学生起業家としてスタートしてから、気付かないうちに40年以上の月日を重ねてしまいました。カウントダウンの人生を意識はしていますが、生来の甘ちゃん気質のせいか、気分はスタート時点からあまり変わっていません。

もっとも当時、どんなだったかはとっくに忘れてしまっているので、そんな学生だったような気分と相成ります。ですから、当然、爺さんでもないし、思い切って言えば、若者に近いこれからの人が私だと認識しています。

私生活について少しだけ述べます。世の中のあるべき常識に疎いのと、仕事に没頭したせいもあって、私は超晩婚者、妹はいまだに独身です。〝一心同体〟に近い形で協力してくれている妹、そして弟に感謝しながらも、さらに次を目指す原動力になっているのは25歳年下の妻と中学1年生の娘です。

娘は将来、私のような経営者になりたいと申しています。パパは頑張るしかありません。

話は変わりますが、この本は回顧録ではありません。過去の記念本でもありません。私が次へステップアップするための決意表明本だと考えています。少しは読んでくださる方の参考になるかな、と期待しています。

何に対してもいい加減な私をコントロールしながら、なんとか本に仕上げてくださったのは、私より10歳以上年上で地元静岡の政治経済ご意見番の水上一夫さん。静岡をリードしてきた見識豊かな水上さんにご協力いただけたことも重ね重ねの幸運でした。心から感謝しています。

2015年2月

高田　隆右

高田隆右（たかだ・りゅうすけ）

1948年静岡県静岡市葵区宮ケ崎生まれ。1973年早稲田大学政治経済学部卒業。早大在学中の1972年静岡浅間通り商店街の実家で休眠中の高田薬局再興。1983年法人化して設立取締役、1992年代表取締役社長。2001年全国小売業約100社で組織する日本ドラッグストアチェーン会の商品開発会社NID（日本ドラッグ）社長。2008年東証2部上場の共同持株会社グローウエルHD代表取締役社長、2012年東証1部上場に切り替え、社名変更したウエルシアHD代表取締役社長、2014年代表取締役副会長。マチの薬屋さん高田薬局を実妹（高田都子2代目高田薬局社長）との2人3脚で東証1部上場企業に育てた。高田薬局単体での企業規模は2014年で店舗146店、売上高441億円、従業員2492人。

転機にアクセルを踏む
B級商店街から東証一部上場へ
～高田薬局40年の軌跡～

2015年3月1日　発行

著　者／高田隆右
発行者／大石　剛
発行所／静岡新聞社
〒422-8033　静岡市駿河区登呂3-1-1
電話054-284-1666　FAX054-284-8924
印刷・製本／図書印刷
ISBN978-4-7838-2340-7